GODDESS GIRLS series:#16 MEDUSA THE RICH by Joan Holub & Suzanne Williams
Copyright © 2015 by Joan Holub & Suzanne Williams
All rights reserved.

This Korean edition was published by RH Korea Co., Ltd. in 2019 by arrangement with Joan Holub & Suzanne Williams c/o EDEN STREET LLC through KCC(Korea Copyright Center Inc.), Seoul.

이 책은 (주)한국저작권센터(KCC)를 통한 저작권자와의 독점 계약으로 (주)알에이치코리아에서 출간되었습니다.
저작권법에 의해 한국 내에서 보호를 받는 저작물이므로 무단 전재와 복제를 금합니다.

올림포스

16 메두사의 욕심

조앤 호럽, 수잰 윌리엄스 글 · 김경희 옮김 · 싹이 그림

주니어 RHK

엄청나게 멋진 우리 독자 여러분, 고마워요!

레이첼 C., 미치 S., 카일리 S., 케이틀린 R.과 한나 R., 에린 P.와 서배너 B.,
케이틀린 L., 대니엘 H., 맥케이 O.와 리즈 P., 로렐라이 M., 릴리앤과 마미 S.,
케이틀린 W., 첼시 W., 산스크리티 J., 셸리 B., 메건 D., 첼시 G.와 아이비 H.,
릴리아 L., 헤일리 G., 라일리 G., 러네이 G., 알렉사 M., 매디슨 W., 카일리 S.,
사브리나 E.,와 소피아 E., 제니 C., 재스민 C., 에린 K.와 크리스틴 S., 미셸 J., 엘라 S.,
레아 S., 그레이스 H., 이슬라 B., 라나 W., 리다 L., 레이븐 G., 히메코 O.,
아테나 E., 니키 K., 셸비 J., 버지니아 J., 소피아 O., 소피 G., 록시 C.와 마리 C.,
아리엘 C., 졸린 A.와 줄리아나 A., 이든 O., 안드레이드 가족과 올버 C.,
리안나 L.과 에이프릴 L., 알렉산드라 S., 에밀리 M., 다니엘 M.과 조일라 M., 패리스 O.,
이블린 R., 크리스틴 D-H.와 카냐 S., 비비안 Z., 다이아몬드 C., 재스민 R.,
안드레아 Z., 파올라 F., 윈터 P., 앨리 M., 사브리나 C., 앤절라 C., 키라 M., 메건 B.,
미도리 W., 애비 G., 제시 F., 시레사 M.C., T. A., 앤 H., 랜 앤 H., 자네야 B., 릴리 T.,
안윤서, 홍가윤, 정예서, 윤다은, 구아라, 김승현, 이재효
그리고 지금 이 책을 보고 있는 바로 당신!

*당신의 이름을 다음 편 〈올림포스 여신 스쿨〉에서 볼 수 있어요.
학교, 학년, 이름과 '올림포스 여신 스쿨' 열혈 독자 인증 한 줄 평을
아래 이메일 주소로 보내 주시면, 추첨하여 이름을 넣어 드려요.

yjkang@rhk.co.kr

— 조앤 호럽과 수잰 윌리엄스

차례

1 심술 여왕 •09

2 선물 상자 •22

3 실레노스 •34

4 훨훨 날아라! •52

5 황금 손길 •81

6 만지지 마! •101

7 흥청망청 •113

8 얻은 것과 잃은 것 •131

9 가족 문제 •153

10 가까이 오지 마! •168

11 해적을 찾아라! •191

12 가장 소중한 것 •216

1
심술 여왕

꿀꺽! 꿀꺽! 꿀꺽!

열두 살 소녀 메두사의 머리 위 뱀들은 메두사가 던져 주는 마른 콩을 신나게 받아 삼켰다. 때는 금요일 오후, 메두사는 올림포스 학교 기숙사 방바닥에 책상다리를 하고 앉아 있었다. 머리에 머리카락 대신 뱀이 자라난 건 순전히 사고였다. 학교 최고 수재인 아테나의 발명 실패작 '비방푸'를 몰래 썼다가 벌어진 일인데, 메두사한테는 결론적으로 '행복한' 사고였다. 메두사는 머리 위 열두 마리 뱀을 진심으로 아껴서 이름까지 지어 주었다! 독사·날쌘이·꽈배기·덥석이·뱅글이·슬금이·올가미·미끌이·비늘이·에메랄드·스위트피·꼬물이는 이제 메두사의 반려동물이 되었고, 메두사한테 이들 없는 삶이란 상상할 수도 없는 일이었다.

"얘들아, 어느 걸 고를지 도와줄래?"

메두사가 앞에 놓인 상자를 뒤지며 뱀들에게 물었다. 상자 안에는 지난 몇 해 동안 메두사가 직접 글을 쓰고 그림을 그린 두루마리 만화가 가득 담겨 있었다.(개중에는 심지어 일곱 살 때 지은 만화도 있었다!)

"너무 선심 쓰지 않아도 돼. 마음에 안 들면 그렇다고 말해 줘. 알았지? 지금까지 그린 것 중에 가장 근사한 열 장만 골라서 만화 경진 대회에 내어 볼 거야."

언제나처럼 메두사를 돕고 싶어 안달이 난 뱀들은 메두사가 꺼내어 펼치는 두루마리를 더 잘 보려고 머리를 앞으로 쭉 내밀었다.

"오오오! 이 만화 기억나?"

제우스와 헤라의 결혼식 때 날개 달린 말 페가수스를 선물한 뒤에 그린 것인데, 메두사가 가장 마음에 들어 하는 작품 중 하나였다.

"교장 선생님이 내 선물에 대한 답례로 소원을 들어주시겠다고 했잖아. 그래서 난 불멸의 존재가 되고 싶다고 했었지."

제우스는 올림포스 학교 교장일 뿐 아니라 신들의 제왕이자 하늘을 지배하는 자이므로 메두사의 소원을 들어줄 수 있는 능력은 충분히 지니고 있었다.

"딱 하루 동안이었지만 그래도 정말 즐거웠어."

메두사는 행복이 묻어나는 한숨을 폭 쉬고서 다시 두루마리 만화로 눈길을 돌렸다.

만화 제목은 '심술 여왕 시리즈(25회) 하루를 영원처럼!'이었으며, 주인공 심술 여왕은 바로 메두사 자신이었다! 이번 이야기에서 심술 여왕은 제우스 덕분에 단 하루 소녀 신이 될 기회를 얻었다. 메두사가 그린 만화는 대부분 자전적인 이야기라서 실제 일어났던 일에 어느 정도 토대를 두고 있었다. 생김새가 메두사랑 꼭 닮은 심술 여왕은 악랄한 악당에게 '복수 마법'을 사용해서 앙갚음을 해 주는 슈퍼 히어로였다. 심술 여왕은 여러 근사하고도 '구린내 나는' 무기 중에서 마법 치즈를 가장 즐겨 썼다.

뱀들이 호기심을 잔뜩 보이자 메두사는 만화 내용 중 가장 재미있는 부분을 연극이라도 하듯 큰 소리로 읽어 주었다.

"문득 심술 여왕은 이제 남의 도움 없이 날개 샌들을 떠오르게 할 수 있다는 걸 깨달았어. 제우스 님 덕분에 불멸의 존재가 되기 전에는 불가능한 일이었지. 심술 여왕은 얼른 날개 샌들을 신었어. 그러고는 올림포스 학교 뜰을 돌아다니며 허공에서 재주넘기를 하고 지금까지 아무도 본 적 없는 멋진 묘기를 펼쳐 보였어! 쒜에에엥! 부우웅웅! 휙!"

메두사는 그 묘기가 얼마나 어려운 것인지 알려 주기 위해 익살스러운 음향 효과까지 열심히 넣었다.

"그런 다음 심술 여왕은 그리스에 있는 고향 집으로 쏜살같이 달려갔어."

이어 메두사는 여왕이라도 된 듯 당당한 목소리로 말하기 시작했다.

"내 이 놀라운 힘으로 반드시 악을 물리치리라!"

심술 여왕의 대사였다.

"언젠가 반드시 이 힘을 뽐내어 주리라!"

메두사는 해설자와 심술 여왕 역할을 번갈아 가며 목소리 연기를 계속했다. 메두사의 뱀들은 그 소리를 들으며 두루마리 만화를 유심히 들여다보았다.

"심술 여왕이 그리스에 도착했어. 그런데 바다표범을 키우는 프로테우스라는 자가 불쌍한 부모님을 협박하고 있는 거야. 심술 여왕은 속으로 중얼거렸지. '문제 없어!' 심술 여왕은 마법

치즈를 휙 꺼내어 들고 주문을 외쳤어. '고르곤졸라!' 펑! '쌤통이다! 프로테우스, 증발해 버린 기분이 어때?'"

곧바로 메두사는 뱀들에게 한마디를 던졌다.

"아, 물론 프로테우스는 대답하지 않아. 증발해 버렸으니까. 수증기가 말을 할 순 없잖아."

메두사는 다시 목소리 연기를 이어 나갔다.

"이어서 우리 엄마가, 그러니까 심술 여왕의 엄마 말이야, 이렇게 말해. '심술 여왕, 우리를 구해 줘서 정말 고맙구나! 넌 정말 대단해!' 아빠는 늘 그렇듯이 끼익 끼이익 비명 비슷한 소리를 내. 하지만 이번에는 기쁨에 겨워서 그러는 거야. 심술 여왕의 부모님은 불멸의 존재인 나머지 두 딸 스피노와 우크렐레의 사진을 벽에서 뜯어내어 쓰레기통에 버려. 그러고는 대신 심술 여왕의 커다란 사진을 걸지."

메두사는 잠시 입을 굳게 다문 채 아무 말도 하지 않았다. 실망감 때문에 가슴이 찌릿하니 아팠다.

'왜 현실은 그렇지 않은 걸까?'

현실에서는 부모님이 두 언니들 사진을 던져 버리고서 메두사 사진을 크게 거는 일은 일어날 가능성이 거의 없었다. 메두사의 부모님은 항상 다른 두 딸 스테노와 에우리알레를 편애했다.

'언니들은 불멸의 존재이고 난 아니라서 그런가 봐. 하지만 만화 속 세상은 내가 원하는 대로 할 수 있잖아. 나도 부모님의 사랑을 잔뜩 받는 불멸의 존재이자 슈퍼 히어로가 될 수 있어!'

메두사는 눈길을 살짝 들어 자신의 뱀들이 이야기에 완전히 빠져 있는 걸 확인하고서 다시 목소리 연기를 이어 나갔다.

"그날 밤 심술 여왕은 온종일 악당을 무찌르느라 지친 채로 올림포스 학교에 돌아왔어. 그러자 학교에서 가장 인기 있는 아테나, 페르세포네, 아프로디테, 아르테미스가 달려와서 심술 여왕을 맞이하더니 '오, 제발, 제발 우리랑 같이 슈퍼파워 슈퍼마켓에 놀러가자. 안 그럼 우린 죽어 버릴지도 몰라!'라며 졸랐어."

메두사는 뱀들을 바라보며 설명을 더했다.

"물론 불멸의 존재는 죽지 않지. 어쨌든 그만큼 간절했단 얘기야."

뱀들이 알겠다는 듯 고개를 끄덕이자 메두사는 다시 이야기를 이어나갔다.

"심술 여왕은 넷의 성화에 못 이겨 함께 슈퍼파워 슈퍼마켓으로 갔어. 그런데 마침 귀여운 디오니소스도 거기 와 있는 거야. 게다가 심술 여왕을 위해 옆자리도 맡아 놓은 게 아니겠어?

심술 여왕으로서는 엄청나게 잘 된 일이었지. 슈퍼마켓에서 즐거운 시간을 보낸 뒤 심술 여왕은 헤파이스토스를 찾아가. 불멸의 존재로서 보낸 멋진 하루가 끝나기 전에 마지막으로 할 일이 있었거든."

곧바로 메두사는 심술 여왕의 목소리로 대사를 읊었다.

"헤파이스토스? 넌 대장장이 신이잖아. 날 위해 반짝이는 목걸이 장식 하나 만들어 주지 않을래? 아테나랑 그 애 친구들이 걸고 다니는 GG장식 말고. 세상에서 단 하나 뿐인 근사한 걸로 부탁해. QoM이란 글자를 담아서 말이야."

메두사는 다시 목소리를 해설자 톤으로 바꾸더니 엄숙하게 말했다.

"물론 헤파이스토스는 심술 여왕의 부탁을 들어주었지. 이야기 끝!"

메두사가 두루마리를 바닥에 내려 놓자 도르르 말리더니 저절로 탁 닫혔다.

메두사는 빙그레 웃으며 목에 걸고 있던 가늘고 고운 금목걸이를 꺼내어 들었다. 황금으로 된 QoM 글자 장식이 목걸이 끝에서 반짝반짝 빛을 발했다. 메두사는 소용돌이치는 글자 모양을 손가락으로 가만가만 쓰다듬었다.

'불멸의 존재가 되었던 날, 지금껏 상상했던 일이 모두 실제로 이루어지지는 않았어. 하지만 실제로 헤파이스토스가 이 목걸이 장식을 만들어 주었고, 내 스스로 날개 샌들을 신고 날아올랐지. 게다가 멋진 디오니소스랑 사귀게 되었고 말이야!'

이따금씩 QoM이 무엇을 뜻하는지 묻는 아이들이 있었다. 하지만 메두사는 아무한테도, 심지어 디오니소스한테도 알려 주지 않았다.

'이건 나만의 비밀이거든. 헤헤헤! 하긴 내가 만화 경진 대회에서 우승하면 이 비밀도 깨지게 되겠구나. 물론 그러려면 어마어마한 기적이 필요할 거야.'

이번 대회는 '대도 출판사'라는 곳에서 후원하기 때문에 대상 수상자는 그곳과 출판 계약을 맺는다고 했다. 아마 수상자의 작품 모음집을 잔뜩 펴내어 서점에서 판매할 계획인 듯했다. 어쩌면 전국의 도서관에 비치될 가능성도 있었다!

'잠깐, 그렇게 되면 《심술 여왕》에 대해 모두 알게 될 텐데. 그럼 내 실제 생활에 바탕을 둔 이야기라는 것도 알아차릴까? 아마 그렇겠지? 뭐 상관없어! 대상을 타면 유명해질 거야. 돈도 많이 벌고!'

메두사는 뱀들에게 눈길을 주며 물었다.

"얘들아, 너희 의견은 어때?"

열두 마리 뱀은 메두사가 잘 볼 수 있도록 몸을 앞으로 구부렸다. 그러고는 서로 엉켜서 커다란 주먹 모양을 만든 뒤 슬금이만 고개를 빳빳이 들었다.

나름대로 '엄지 척!' 모양을 해 보인 것이다.

메두사는 웃음이 절로 터져 나왔다.

"고마워, 애들아."

열두 마리 뱀들은 당연히 메두사가 그린 만화들이라면 모조리 좋아했고, 특히 자신들이 등장하는 이야기를 반겼다. 물론 메두사의 만화에는 뱀들이 등장하는 이야기들이 수두룩했다.

메두사는 최근에 그린 두루마리 만화를 보다가 저도 모르게 인상을 찌푸렸다. 일곱 살 때 그린, 커다랗고 동그란 머리가 달린 작대기 인간이 등장하는 만화보다는 훨씬 낫지만 마음에 쏙 들진 않았다.

'적어도 예전에 그린 것보다 인물 묘사가 더 자세해지긴 했어. 하지만 대회에서 우승할 만큼 잘 그린 걸까?'

이 밖에도 메두사가 대회 출품용으로 고른 만화들은 다음과 같은 내용을 담고 있었다. 하나는 사나운 바다뱀이 겁쟁이 소년 푸네이돈(메두사의 예전 짝사랑 상대인, 몸에서 물이 뚝뚝 떨어지는 소년 신 포세이돈을 은근히 떠올리게 하는 이름이랄까?)을 삐죽삐죽한 바위에 던져 버리겠다고 위협하자 심술 여왕이 나서서 구해 주는 이야기였고, 또 하나는 심술 여왕과 여왕의 믿음직스러운 뱀들이 사탕 가게를 습격하려는 사악한 두 자매를 막아 내는 이야기였다. (누구를 모델로 했을까? 힌트를 주자면 이름이 '스'와 '에'로 시작한다!)

메두사는 《하루를 영원처럼!》편을 '출품 예정' 파일에 넣고서 지금까지 골라 놓은 작품이 몇 장이나 되는지 세어 보았다.

"총 아홉 장이네. 아직 한 장이 모자라."

메두사는 한숨을 폭 쉬었다.

"괜찮은 만화를 열 장이나 제출하는 건 보통 일이 아니라고."

그간 그려 놓았던 작품들을 모조리 꺼내서 검토했기 때문에 메두사 스스로 퇴짜 놓은 두루마리 만화들이 옆에 잔뜩 쌓여 있었다.

"아무래도 새로 하나 그려야 할까 봐."

메두사는 혼자 중얼거렸다.

"뭔가 모험과 드라마가 있으면서 번뜩이는 유머도 담겨 있어야 하는데. 그런 게 뭐가 있지?"

메두사는 손가락으로 볼을 톡톡 치며 골똘히 생각에 잠겼다.

'흐음. 시간이 별로 없는데. 불멸쇼핑 센터 안마당에 마련된 응모함에 내일까지 제출해야 한단 말이야!'

문제는 또 있었다. 늘 그렇듯이 메두사는 빈털터리였기 때문에 대회 응모비 15드라크마를 낼 방도가 없었다. 메두사는 저도 모르게 "후유!" 하고 작게 한숨을 쉬었다.

메두사가 속상해 한다는 걸 알아차린 날쌘이, 꽈배기와 스위트피가 몸을 아래로 숙이더니 메두사의 목을 옷깃처럼 부드럽게 감았다. 미끌이, 에메랄드와 꼬물이는 메두사의 볼에 얼굴을 비볐다. 나머지 여섯 마리는 메두사를 달래듯 그의 정수리를 토닥거렸다.

"얘들아, 고마워. 너희는 언제나 어떻게 해야 내 기분을 좋게 하는지 잘 알고 있구나."

메두사는 희미하게 미소 지으며 말했다. 그때였다.

쾅쾅!

'응?'

메두사는 누군가가 메두사의 기숙사 방문을 세게 두드리는 통에 깜짝 놀랐다.

"야, 뱀 머리, 안에 있어?"

메두사의 언니 스테노가 소리쳤다.

"나랑 에우리알레한테 뭘 해 줘야 하지 않니? 기억 안 나? 늦었으니 빨리 나와!"

메두사는 속으로 끙 신음을 뱉었다.

'오, 신이시여! 까마득히 잊어버렸네. 어쩌면 기억하고 싶지 않아서 머릿속에서 저절로 삭제된 걸 수도 있고.'

"지금 갈게!"

메두사는 얼른 소리쳐 대답했다. 그러고는 만화 두루마리를 방바닥에 그대로 둔 채 마지못해 일어나 방을 나섰다.

'아, 대회에서 우승만 한다면. 내가 불멸의 능력을 가지진 못했어도 창의력만큼은 가지고 있다는 걸 온 학교 아이들한테 증명할 수 있을 텐데. 그러면 언니들도 날 좀 더 존중해 줄지도 몰라.'

메두사는 아랫입술을 꽉 깨물었다.

'나한테는 열 번째 만화를 그려 낼만큼 변화무쌍하고 감동 자동 유발형에 메가 판타스틱한 아이디어가 절실히 필요해. 그것도 지금 당장!'

2 선물 상자

"침대 밑에 먼지 한 점 없게 잘 치워. 지난번에 보니 거긴 청소 안 했더라."

메두사의 언니 에우리알레가 핀잔을 주었다. 에우리알레는 초록색 새틴 덮개를 씌운 베개에 몸을 기댄 채 침대에 늘어져서 지난 호 〈십대들의 두루마리 잡지〉를 한들한들 뒤적이고 있었다. 그러면서도 메두사가 청소를 잘 하고 있는지 계속 곁눈질하며 살폈다.

메두사는 이렇게 시간을 낭비할 겨를이 없었다. 하지만 언니들에게 진 빚이 있었다. 언니들은 방 청소를 열다섯 번 대신 하는 것으로 자신들에게 진 빚을 갚으라고 요구했고, 메두사는 마지못했지만 그에 동의했기 때문에 어쩔 수 없는 노릇이었다.

'이번이 열세 번째이니 이제 두 번만 더 하면 끝이야.'

메두사는 에우리알레의 침대 밑에 빗자루를 밀어 넣고 이리저리 쓸었다. 먼지덩어리 뿐만 아니라 꼬깃꼬깃 뭉친 숙제, 거의 쓰지 않은 초록색 립글로스, 온갖 암브로시아과자 부스러기, 반쯤 먹다 남은 당근까지 나왔다.

메두사는 당근을 들어 보이며 농담을 던졌다.

"먼지가 쌓이다 못해 흙이 됐는지 당근이 저절로 자랐나 봐?"

에우리알레는 대번에 눈을 흘겼다.

"하, 하, 하. 하나도 안 웃기거든."

반대편 침대에 앉아 손톱 손질을 하고 있던 스테노가 립글로스를 보더니 이쪽으로 다가왔다. 그러더니 립글로스를 집어 들고서 에우리알레를 향해 버럭 소리를 질렀다.

"야, 그렇지 않아도 이게 어디 갔나 싶었어."

스테노는 에우리알레가 립글로스를 몰래 훔쳤다고 여기는 듯했다. 하지만 메두사가 보기에는 스테노가 립글로스를 떨어뜨리고서 에우리알레의 침대 밑으로 굴러 들어간 걸 알아차리지 못했을 가능성이 높았다.

'언니들은 물건을 잘 챙기지 않으니까. 나랑 달리 워낙 가진

게 많아서 말이야.'

세 쌍둥이다 보니 에우리알레, 스테노, 메두사의 생김새는 아주 비슷했다. 셋 다 옅은 초록빛 살결에, 초록 눈동자를 가졌고, 얼굴 모양도 비슷했다. 그러나 메두사의 머리에는 뱀이 솟아 있었지만 언니들의 머리카락은 꿈틀거리지도 쉿쉿거리지도 않았다. 또한 언니들은 불멸의 존재지만 메두사는 아니었다. 언니들은 온갖 마법을 부릴 수 있어도 메두사는 그렇지 못했다. 그리고 언니들은 기회가 있을 때마다 그 점을 메두사에게 상기시키며 즐거워했다.

스테노가 립글로스를 호주머니에 챙겨 넣더니 자기 침대에 폴짝 올라가서 다시 손톱을 다듬기 시작했다. 그러다 문득 생각난 듯 메두사에게 끈적거리는 액체로 엉망이 된 책상을 가리키며 말했다.

"잊지 말고 저것도 닦아."

"으웩!"

메두사는 끙 소리가 절로 나왔다. 스테노가 암브로시아잼을 반통이나 쏟아 놓고서 메두사더러 치우라고 내버려 둔 것이었다!

"야, 투덜대지마."

스테노가 버젓이 한마디 하자 에우리알레까지 거들었다.

"내 말이 그 말이야."

메두사는 언니들이 시키는 대로 하는 수밖에 없었다. 하지만 언니들이 눈길을 돌리자 발끈하며 에우리알레의 꼬깃꼬깃 구겨진 숙제를 침대 밑으로 다시 차 넣어 버렸다.

이렇게 언니들의 방 청소를 여러 번 해 주게 된 이유는 언니들이 메두사 대신 마법을 써 준 적 있기 때문이었다. 제우스의 결혼 선물 때문에 불멸 쇼핑센터에 들렀을 때, 메두사는 번개 보관통의 비싼 가격을 보고 그대로 발길을 돌려야 했다. 그런데 메두사의 뱀들이 그 보관통을 끌고 나오면서 소란이 벌어져 버렸다. 놀란 메두사는 번개 보관통을 선물 가게 입구에 놓아두고 그대로 도망쳐 버렸지만 선물 가게의 말 많은 용수철 인형과 쇼핑센터 경비원에게 들키고 말았다. 그때 에우리알레와 스테노가 인형과 경비원의 기억을 지워 준 덕에 메두사는 겨우 곤경에서 벗어날 수 있었다.

'뱀들은 그게 나쁜 짓이란 걸 몰랐어. 교장 선생님께 근사한 선물을 드리고 싶어 하는 나를 도우려고 그랬던 것뿐이야!'

메두사는 스테노의 책상을 닦다가 찐득거리는 암브로시아잼을 책상 밑에 있는 스테노의 샌들에 실수로 흘리고 말았다.

'어디 한번 신어 보라지. 하하! 생각만 해도 고소한데?'

그때 누군가 방문을 똑똑 두드리며 소리쳤다.

"헤르메스 택배가 왔어!"

곧이어 또 다른 목소리가 덧붙였다.

"상자가 엄청 커!"

이어 쿵 하고 문 앞에 상자를 내려 놓는 소리가 들리더니 두 여학생의 발소리가 복도 안쪽으로 멀어졌다. 여학생 기숙사에 남자는 들어올 수 없기 때문에 헤르메스가 4층에 사는 여학생 중 누군가에게 택배를 대신 전해 달라고 부탁한 모양이었다.

스테노가 침대에서 벌떡 일어나더니 문을 휙 열고서 상자를 내려다보았다. 스테노는 대번에 얼굴이 환해지며 소리쳤다.

"야호! 엄마 아빠가 이번 주에도 우리한테 선물을 보냈어!"

"아, 신나기도 하여라."

메두사가 시들한 목소리로 중얼거렸다. 스테노가 말한 '우리'란 스테노와 에우리알레를 뜻할 뿐 메두사는 포함되어 있지 않았다. 엄마 아빠가 매주 보내는 선물 꾸러미의 수신인에 메두사의 이름은 단 한 번도 오른 적이 없었다. 올림포스 학교에 입학한 이래로 메두사는 엄마 아빠한테서 소포는 고사하고 편지나 카드 한 장 받지 못했다. 심지어 생일에도 그랬다. 스테노와

에우리알레의 생일이 바로 메두사의 생일이기도 한데 말이다.

스테노와 에우리알레는 상자를 방으로 끌고 들어와서 포장을 뜯었다. 상자 안에는 온갖 간식이 가득했다. 메두사가 지켜보는 앞에서 둘은 신나게 상자 안을 휘저으며 넥타르 팝, 암브로시아 츄, 암브리토스 칩 봉지, 그리고 세 쌍둥이 모두 좋아하는 엄청나게 달콤한 음료수 넥타르피즈를 끄집어냈다. 간식 외에도 새 학용품, 옷가지, 최신 〈십대들의 두루마리 잡지〉까지 들어 있었다.

상자에서 물건을 깡그리 끄집어내어 온 방 안에 늘어놓고 난 뒤, 에우리알레가 상자 바닥에서 무언가를 발견했다.

"어, 스테노. 여기 두루마리 편지도 있어."

스테노가 상자에서 꺼낸 꽃무늬가 가득한 초록색 키톤을 입어 보며 대답했다.

"읽어 봐."

"알았어."

메두사는 에우리알레의 목소리에 귀를 쫑긋 세웠다. 그때 메두사는 걸레로 언니들의 책장 곳곳을 훔치며 먼지를 닦는 척하고 있었지만, 사실 여기저기 먼지를 뿌리고 있는 중이었다.

에우리알레가 두루마리 편지를 펼치자 안에 있던 동전이 우르르 바닥에 쏟아졌다. 에우리알레는 얼른 동전을 모아서 호주머니에 단단히 챙겨 넣었다. 편지에서 쏟아져 나온 돈을 보자 원래도 초록빛인 메두사의 얼굴이 질투심에 더 짙푸르러졌다!

드디어 에우리알레가 큰 소리로 편지를 읽기 시작했다.

사랑하는 스테노와 에우리알레에게

얘들아, 엄마 아빠 선물 잘 받았니? 너희가 학교에서 공부를 열심히 하고 좋은 성적을 거두어서 얼마나 자랑스러운지 모르겠구나. 혹시 엄마 아빠가 잊고 넣지 않은 게 있다면 용돈을 넣었으니 필요한 걸 사도록 하렴. 너희가 집에 올 날을 손꼽아 기다리고 있단다. 그때는 얼굴을 볼 수 있겠지.

정말, 정말 사랑해!

엄마 아빠가

추신: 아차, 잊을 뻔했구나. 여느 때처럼 두사한테 3오볼로스 전해 주렴!

부모님은 메두사를 '두사'라는 별명으로 불렀다. 메두사의 용돈 3오볼로스는 1드라크마의 절반에 해당하는 아주 적은 액수였다. 게다가 언니들이 각자 받고 있는 용돈의 3분의 1밖에 되지 않았다. 예전에 받은 용돈에서 모아 둔 몇 오볼로스와 이번 주 용돈을 합하더라도 만화 경진 대회 응모비를 내기에는 턱없이 부족했다. 늘 이런 식이었다. 언니들은 돈을 물 쓰듯 하며 지냈지만 메두사는 항상 쪼들렸다.

에우리알레가 편지를 침대에 휙 던지고서 호주머니에 손을 넣더니 메두사에게 작은 은 동전 세 개를 건넸다.

"자, 받아."

"아, 기쁘기도 해라."

메두사는 용돈을 호주머니에 밀어 넣으면서 나직이 투덜거렸다.

에우리알레는 방 반대편으로 가더니 스테노의 몫을 나누기 위해 동전을 세고서 두둑한 전리품을 내밀었다.

"자, 너 아홉 개, 나 아홉 개."

이어 에우리알레는 암브리토스 한 봉지를 들고 침대에 올라가더니 베개에 느긋이 등을 기댔다. 그러고는 과자 봉지를 열어 한 움큼을 입에 밀어 넣었다.

"두사, 너도 먹고 싶어?"

메두사가 빤히 쳐다보는 걸 발견한 에우리알레가 우물우물

물었다.

"응."

메두사가 안달이 나서 대답하자 에우리알레가 과자 봉지를 내밀었다. 그러나 메두사가 잡으려 하자, 도로 봉지를 휙 잡아 빼며 까르르 웃음을 터뜨렸다. 언니들은 늘 그런 식으로 메두사를 놀리는 게 재미있어 죽을 지경이었다.

"하, 하. 하나도 안 고맙네."

메두사는 차갑게 쏘아붙였다. 그러고는 부모님의 애정을 받지 못해서 속상한 마음을 감추기 위해 한마디 덧붙였다.

"난 그 바보 같은 꾸러미에는 하나도 관심 없으니 언니 둘이서 나눠 가지든지. 난 그딴 거 필요 없어!"

메두사는 속으로 언니들이 안 볼 때 과자 몇 개를 슬쩍할까 생각도 해 보았다. 하지만 그건 엄연히 도둑질이었다.

'난 도둑이 아니야. 게다가 뱀들이 보고 있잖아. 모범이 되어야지. 그래야 얘들이 다시는 도둑질을 안 할 거 아냐.'

"너 질투하는구나?"

스테노가 한마디 툭 던졌다. 스테노는 새 키톤을 벤치에 아무렇게나 걸쳐 두더니 침대에 걸터앉아서 부모님이 보내 준 잡지를 읽었다.

"아니거든."

메두사가 퉁명스럽게 대꾸했다. 하지만 그건 거짓말이었다. 언니들만 편애하는 부모님의 부당함에 대해서 깊이 생각하지 않으려 애쓰고 있지만, 자기를 애지중지해 주면 얼마나 좋을까 하는 생각이 드는 건 어쩔 수 없었다.

'언니들처럼 나도 선물을 소나기처럼 받으면 얼마나 좋을까? 하지만 그런 일이 일어날 리는 없을 거야.'

스테노와 에우리알레가 보고 있지 않을 때 메두사는 더러운 걸레를 스테노의 새 키톤 호주머니에 쑤셔 넣었다.

그때였다. 스테노가 갑자기 메두사를 쳐다보더니 물었다.

"너 지금 내 새 키톤에 무슨 짓을 하는 거야?"

메두사는 속으로 화들짝 놀랐지만 태연하게 대답했다.

"옷장에 걸어 주려는 거야."

메두사는 키톤을 옷장으로 가져가서 걸었지만 스테노가 눈길을 돌리자 키톤이 옷걸이에서 미끄러져 바닥에 떨어지게 내버려 두었다.

에우리알레가 〈십대들의 두루마리 잡지〉 최신호를 집어 들고서 뒤적이기 시작했다. 스테노가 읽고 있는 것과 똑같은 호였다. 언니들이 잡지 한 권을 돌려보지 않도록 부모님이 최신

호가 나올 때마다 두 권씩 사서 보내 주기 때문이었다.

'팔자 좋네, 팔자 좋아!'

메두사는 스스로를 다잡았다.

'어쩌겠어. 가족을 바꿀 순 없잖아. 우리 가족 중 누구도 바뀔 것 같지 않고, 이런 일이 하루 이틀도 아닌데 익숙해질 때도 됐잖아.'

고향에서 살 때 메두사는 말 그대로 벽장에서 지냈다. 반면 언니들은 침대, 책장이 마련된 예쁜 방에서 초록색 프릴 장식이 달린 이불을 덮고 자고, 장난감과 인형에 둘러싸여 살았다. 하지만 메두사는 불멸의 존재가 아니라는 이유로 가족으로 대우 받지 못했다.

'언젠가 어른이 되어 유명한 만화가가 되면 내가 좋아하는 것들로 가득한 선물 상자를 나 자신한테 선물할 테야!'

3 실레노스

메두사가 청소를 끝냈다고 말하려는 순간, 스테노가 넥타르 피즈 병뚜껑을 뻥 하고 열었다.

"어머나!"

스테노의 비명 소리와 함께 음료수가 방 가운데 놓인 양탄자 위에 좌아악 뿌려졌다.

"두사, 저것 좀 닦아 줘."

스테노는 한마디 툭 던지고서 태연히 잡지를 넘겼다.

메두사는 기가 차서 콧방귀를 흥 하고 꼈다. 하지만 별 수 없이 걸레를 집어 들고서 무릎을 꿇고 앉았다. 한참 음료수를 닦고 있는데 다시 누군가 문을 똑똑 두드렸다.

스테노가 소리쳐 대답했다.

"들어와!"

문이 휙 열리는 순간, 에우리알레가 메두사에게 말했다.

"그거 닦고 나면 내 쓰레기통도 잊지 말고 비워."

메두사가 고개를 들어 보니 아르테미스가 문가에 서서 어색해 하고 있었다. 아르테미스의 어깨에는 늘 그렇듯이 활과 화살통이 걸려 있고, 검은 단발머리는 찰랑찰랑 윤기를 발했다.

"어, 너 여기 있었구나."

잠시 머뭇대던 아르테미스가 메두사에게 말을 걸었다. 아무렇지도 않은 척하고 있지만 아르테미스는 이미 무슨 상황인지 눈치채고, 에우리알레가 메두사에게 했던 말도 들은 듯했다.

메두사는 얼굴이 화끈 달아올라 걸레질을 멈추고 자리에서 벌떡 일어섰다.

'오, 신이시여! 내가 언니들 하인처럼 보였을 거야! 뭐, 어느 정도 사실이긴 하지만 잠깐 동안일 뿐이라고.'

메두사가 창피함을 감추려 뭐라 둘러댈 틈도 없이 아르테미스가 복도 끝을 고갯짓으로 가리키며 말했다.

"디오니소스가 널 찾고 있어. 지금 기숙사로 들어오다가 문 밖에 서 있는 그 애랑 마주쳤거든. 네 방에 들러서 말을 전해 주겠다고 했는데 네가 방에 없더라고. 그래서……."

"가서 무슨 일인지 알아볼게."

메두사는 얼른 아르테미스의 말을 자르고 걸레를 에우리알레의 책상 쪽으로 휙 던졌다. 걸레가 크게 반원을 그리며 책상 위에 툭 떨어졌다. 메두사는 두 걸음 만에 아르테미스가 서 있는 문간으로 갔다.

"야!"

에우리알레가 버럭 소리를 질렀다. 스테노도 한마디 했다.

"너 아직 청소 안 끝……."

메두사는 언니들의 말을 가차 없이 자르며 어깨 너머로 소리쳤다.

"왜들 이래? 언니들이 딱해서 딱 한 번만 도와주겠다고 했잖아."

메두사는 아르테미스는 물론이요, 혹시 복도에서 이 상황을 지켜보고 있을지 모를 아이들에게까지 다 들리게 크게 말했다.

"내가 말했잖아. 날 보고 좀 배우라고. 정리 정돈을 잘하는 건 값진 능력이야. 열심히 연습하면 언니들 같은 청소 똥손도 언젠가는 익숙해질 날이 올 거야."

메두사는 언니들이 앙갚음하기 전에 쏜살같이 방에서 빠져 나왔다. 메두사가 내뱉은 말에는 반드시 후환이 따르겠지만 일단 충격에 빠진 언니들의 얼굴을 봤으니 그걸로 충분했다.

"무슨 일 있는 거 아니지?"

아르테미스가 방문을 단단히 닫고 있는 메두사를 향해 머뭇머뭇 물었다.

"그러니까, 너랑 언니들 사이에 말이야."

"그럼. 왜? 무슨 일이 있는 것 같아?"

메두사는 딱 잘라 대답하며 복도를 성큼성큼 걸었다. 아르테미스한테 그런 장면을 보이다니 내심 아직도 부끄러웠다.

"아, 아니."

아르테미스는 말끝을 흐렸다. 그러다가 조용히 한마디를 덧붙였다.

"네 언니들이 널 대하는 태도를 보고 있으면 아폴론이 나한테 그러지 않아서 다행이다 싶을 때가 있어. 네 언니들은 정말 별종이야!"

"내 말이 그 말이야."

메두사는 서글프게 맞장단을 치고서 희미하게 웃어 보였다. 언니들이 얼마나 힘들게 구는지 알아준 아르테미스가 고마워서였다. 아르테미스의 쌍둥이 남동생 아폴론은 스테노나 에우리알레보다 훨씬 상냥했다. 적어도 메두사가 보기에는 그랬다. 어쨌든 메두사는 자신이 언니들 방을 청소해 주게 된 사연을 끝까지 밝히지 않았다.

'학교에서 최고 인기 있는 네 명 중 하나인 아르테미스의 동정을 사고 싶지도 않고, 징징거리는 것처럼 보이는 것도 사양할래.'

"그럼 또 보자."

아르테미스가 자기 방 앞에 도착하자 인사를 건넸다.

"날 찾으러 와서 고마……."

메두사는 갑작스러운 개 짖는 소리에 말을 맺지 못했다. 아르테미스가 방문을 열자마자 사냥개 세 마리가 복도로 뛰쳐나와 아르테미스를 둘러싸더니 펄쩍펄쩍 뛰고 꼬리를 정신없이 흔들어 대며 아르테미스의 손을 핥았다. 떨어져 있은 지 얼마 되지 않았을 텐데도 아르테미스를 다시 보자 좋아서 어쩔 줄 모르는 듯했다.

메두사는 혼자 빙그레 웃었다.

'나랑 뱀들은 절대 떨어질 일이 없으니 얼마나 좋은지 몰라.'

복도 끝에 도착한 메두사는 계단으로 나가는 문을 밀어 열었다. 층계참에 디오니소스가 앉아 있다가 문 여는 소리에 벌떡 일어섰다.

"아, 잘됐다. 아르테미스가 널 찾았나 보네."

디오니소스가 보라색 두 눈동자를 반짝이며 말했다. 메두사는 심장이 엇박자로 뛰는 것 같았다. 갈색 머리에 보라색 눈동자를 가진 소년 신을 오랜만에 만나면 심장이 꼭 그런 반응을 보였다. '오랜만'이라고 해 봐야 점심시간 이후 처음 보는 거지만 말이다. 메두사는 이렇게 귀엽고 인기 많은, 매사가 즐거운 소년 신이 자기를 좋아한다는 사실이 여전히 믿기지가 않았다.

"어쩐 일이야?"

메두사가 묻자, 디오니소스가 신이 나서 대답했다.

"좋은 소식이 있어! 실레노스를 찾았어!"

"네 반려동물? 그 사라졌다는 염소 말이지?"

디오니소스가 메두사에게 들려준 이야기에 따르면, 어릴 때 디오니소스는 인간 세상의 어느 깊은 계곡에서 숨겨진 채 님프들 손에 자랐으며, 다섯 살 때 반려동물로 염소를 갖게 되었다고 했다. 디오니소스와 실레노스는 처음 만난 날부터 둘도 없는 친구가 되어 어디든 함께 다녔다. 어느 날 높은 산에서 갑작스런 눈보라를 만나 길을 잃었을 때, 폭풍이 지나갈 때까지 실레노스가 디오니소스의 몸을 따뜻하게 감싸준 적도 있었다. 그 덕분에 디오니소스는 목숨을 건졌고 둘은 다시 계곡으로 무사히 돌아갈 수 있었다. 그러니 디오니소스가 얼마 전 주말에 고향에 갔다가 님프들로부터 실레노스가 사라졌다는 소식을 듣고 얼마나 상심했을지는 묻지 않아도 알 수 있을 정도였다.

"응. 메두사, 네게 이 소식을 전하고 싶었어. 실레노스가 다시 돌아왔어!"

"어머! 정말 잘됐다. 내 뱀들을 잃어버린다면 어떨지 상상조차 하기 힘들어. 다행히 그럴 일은 없지만 말이야. 얘들은 내 머리에 딱 붙어 있잖아."

디오니소스가 풋 하고 웃음을 터뜨렸다.

"나랑 같이 학생 식당에 간식 먹으러 가지 않을래? 어떻게 된 사연인지 말해 줄게."

"좋아."

마침 메두사도 언니들이 쫓아올까 봐 염려되어 기숙사에서 어슬렁거리고 싶지 않던 참이었다.

'어쩌면 날 신경 쓰지 않을지도 몰라. 언니들은 너무 게으르니까. 아마 아직도 침대에서 뒹굴거리며 과자를 먹고 새 잡지를 읽고 있을걸? 내기해도 좋아. 아니면 내 행동에 앙갚음할 계획을 짜고 있거나. 뭐 그러든가 말든가!'

디오니소스가 볼에 보조개가 쏙 패도록 싱글싱글 웃으며 메두사에게 손을 내밀었다. 메두사는 그 보조개가 볼 때마다 사랑스러웠다. 둘은 손을 마주 잡고 계단을 기분 좋게 내려갔다.

"프리기아의 왕 미다스가 조금 전에 나한테 두루마리 편지를 보냈어. 어제 자기 장미 정원에서 실레노스가 서성이고 있는 걸 발견했대. 이게 믿어지니? 실레노스가 도대체 거길 어떻게 간 건지 도무지 알 수가 없어. 어쨌든 녀석을 데리러 갈 거야."

"지금 당장?"

메두사가 살짝 놀라서 되물었다. 디오니소스가 고개를 끄덕이자 메두사는 실망감에 가슴이 찌르르하니 아팠다. 남자 친구의 반려동물을 되찾게 되어 기쁘지만 그래도 오늘은 금요일이었다. 메두사는 내심 디오니소스를 비롯한 친구들과 함께 슈퍼파워 슈퍼마켓에 놀러가기를 바라고 있었다.

'프리기아는 에게 해 건너편 소아시아에 있잖아. 얼른 다녀올 수 있는 곳이 아니야. 다 같이 놀러갈 때까지 시간 맞춰서 돌아오기는 힘들겠구나. 휴.'

1층에 도착해서 학생 식당으로 가는 복도를 걷는 동안 메두사는 문득 떠오르는 생각이 있었다.

"혹시 도움이 필요해?"

디오니소스가 약간 놀란 표정을 짓더니 텅 빈 식당 문을 열며 되물었다.

"같이 가 주려는 거야?"

메두사는 디오니소스의 목소리에서 희망을 읽고 빙그레 웃었다.

"뭐 그렇게 놀라니? 당연한 일인데."

메두사는 얼른 한마디를 덧붙였다.

"물론 네가 원한다면 말이야."

간식 탁자 위에는 커다란 과일 바구니, 미니 영웅 샌드위치, 갓 구운 암브로시아 파이가 놓여 있었다. 메두사는 탁자를 쭉 훑어보다가 유난히 시어 보이는 풋사과를 골랐다.

'음, 맛있어! 새콤하면 새콤할수록 더 좋아. 나더러 입맛이랑 성격이 똑같다고 수군거리는 애들도 있겠지. 하지만 아니거든!'

물론 메두사가 자기의 의견을 달달하게 사탕발림해서 전하는 편은 아니지만 그렇다고 성격 자체가 시큼한 건 아니었다.

"농담하는 거 아니지? 나야 네가 함께 가 주면 엄청나게 좋지! 교장 선생님도 괜찮다고 하실 거야."

디오니소스는 암브로시아 파이를 한입 베어 물더니 말했다.

"오, 신이시여! 이거 정말 맛있는데!"

메두사도 사과를 한입 더 베어 먹으며 말했다.

"아, 맞다! 교장 선생님! 멀리 다녀오는 거니까 교장 선생님 허락을 받아야겠구나. 너도 그렇지?"

"그건 이미 해결했어. 원래 날개 샌들을 신고 가려고 했거든. 그런데 조금 전에 교장 선생님께 프리기아에 다녀와야 할 것 같다고 말씀드렸더니 학교 전차로 데려다주시겠다고 하셨어. 아이자노이에서 신전 행사가 있어서 참석하러 가시나 봐. 아이자노이가 프리기아에서 멀지 않으니까 날 미다스 왕의 궁전에 내려 주시고 신전에 들르셨다가 내일 아침 학교로 돌아오실 때 데리고 와 주신다고 하셨어."

"어머, 그럼 거기서 하루 묵고 오는 거야?"

메두사가 깜짝 놀라서 되물었다.

"그럼 짐을 싸야할 텐데……. 네 생각에는 교장 선생님이 정말로 날……."

"정말로 널 뭘 어쨌다는 거냐?"

갑자기 식당 안에 우레 같은 목소리가 울려 퍼졌다.

메두사와 디오니소스는 깜짝 놀라서 소리가 난 곳으로 고개를 휙 돌렸다. 제우스가 학생 식당 문을 열고서 두 아이 쪽으로

성큼성큼 걸어오고 있었다. 제우스는 키가 2미터가 넘는 데다, 몸에는 온통 근육이 울퉁불퉁 불거져 있고, 상대의 마음을 꿰뚫어 보는 푸른 눈동자를 가지고 있어서 보는 이를 저절로 주눅 들게 했다.

"떠날 채비 되었느냐?"

제우스가 디오니소스에게 물었다.

"위층에 올라가서 가방만 가져 오면 돼요."

"좋아."

이어 제우스는 파란 불길이 이글대는 듯한 눈동자를 메두사에게 돌렸다.

"보아하니 뭔가 마음에 두고 있는 말이 있나 본데, 어서 말해라!"

"어……, 저는……."

제우스의 위압적인 겉모습은 물론이요, 갑작스럽고 무뚝뚝한 한마디에 허를 찔린 메두사는 그 자리에 멍하니 서서 말을 잇지 못했다.

심지어 뱀들조차 잠잠했다.

'이런, 내 돌눈총에 맞아 스스로 돌이 되어 버린 것 같잖아!'

메두사는 스톤글라스를 쓰고 있지 않을 때 인간과 눈길을 마주치면 인간을 돌로 변하게 하는 능력이 있었다.

메두사가 할 말을 잊은 채 어쩔 줄 몰라 하자 디오니소스가 구출 작전에 나섰다.

"혹시 메두사가 저랑 같이 가도 될지 생각해 보는 중이었어요."

제우스의 입에서 메두사를 깜짝 놀라게 할 대답이 나왔다.

"안 될 이유가 뭐 있겠느냐?"

제우스는 탁자에 놓여 있는 간식을 보더니 눈이 반짝했다. 그러더니 파이 두어 개를 입에 넣고 웅얼웅얼 말을 이었다.

"그엄 이시뿐 후에 안뜨에서 망나자꾸나."

그 말을 남기고 제우스는 휙 뒤돌아서서 식당을 나갔다.

"'그럼 20분 후에 안뜰에서 만나자꾸나.'라고 하신 거 너도 알아들었지?"

디오니소스는 혹시라도 메두사가 알아듣지 못했을까 봐 친절하게 통역해 주었다.

"메두사, 우리 준비를 서둘러야겠어!"

메두사는 디오니소스와 함께 후다닥 기숙사 계단을 올랐다.

"아까 도와줘서 고마워. 머리가 완전히 멈춰 버렸지 뭐야."

"천만의 말씀이에요. 초록 아가씨!"

디오니소스의 정중한 대답에 메두사는 방긋 웃었다. 디오니소스가 그렇게 불러 줄 때마다 메두사는 정말 한없이 기뻤다!

"그럼 이따가 안뜰에서 만나자."

4층 층계참에 이르자 디오니소스가 한 번에 두 계단씩 성큼성큼 뛰어올라 남학생 기숙사로 올라가며 소리쳤다.

메두사는 서둘러 복도를 달렸다. 물론 언니들 방 앞을 지날 때는 속력을 늦추고서 까치발을 한 채 소리 죽여 지나갔다. 다행히 언니들 방문은 굳게 닫혀 있었다.

'휴!'

메두사는 아무 사고 없이 무사히 방에 도착하자마자 여행 가방을 꺼내어 침대 위에 펼쳐 놓고서 옷가지와 뱀들을 위한 간식, 칫솔을 던져 넣었다.

이어 메두사는 문에 걸어 놓은 초록색 망토를 챙겼다. 여행 중에 바람이 쌀쌀할 때를 대비하기 위해서였다. 메두사는 망토를 접어 한 팔에 걸치고서 여행 가방을 가지러 침대로 향했다. 그때 문득 바닥에 놓여 있던 두루마리 만화가 메두사의 눈에 띄었다.

'이런, 디오니소스의 이야기에 빠져서 나도 이야기를 만들어야 한다는 사실을 까마득히 잊고 있었네. 대회에 출품할 이야

기를 써야 하는데. 흐으음. 아무래도 안 가는 게 나으려나?'

망설이던 순간, 메두사에게 번득 떠오르는 생각이 있었다.

'만약 운이 따라주고, 나도 정신을 바짝 차리고 있으면 여행 중에 대회에 출품할 열 번째 만화의 아이디어를 얻을 수 있을지도 몰라. 그럼 미다스 왕의 왕국에 머무는 동안 만화를 그리면 되잖아!'

메두사는 얼른 빈 두루마리 한 장을 집어 여행 가방 안에 넣었다.

이윽고 메두사는 방문을 잠근 뒤 다시 복도로 향했다. 그런데 불행하게도 언니들 방 앞을 지날 때 마치 기다리고 있었다는 듯이 스테노가 방문을 휙 열었다.

스테노는 재깍 메두사가 여행 가방과 망토를 들고 있다는 사실을 알아차렸다.

"야, 너 어디 가려는 거야?"

에우리알레도 방문 밖으로 고개를 내밀더니 한마디 했다.

"그러게. 여기 청소할 거리가 아직도 널려 있거든. 마저 하지 않으면 이번 건 쳐 주지 않을 거야."

"아, 미안. 지금 프리기아에 가야해서 말이야."

메두사는 일부러 상냥하게 대답했다.

"교장 선생님이 초대해 주셨거든."

정확한 사실은 아니었지만, 메두사는 천연덕스럽게 말을 이었다.

"그 부근에서 있을 신전 행사에 참석하신대. 지금 나랑 디오니소스를 기다리고 계셔. 하지만 언니들이 보기에 방 청소가 더 중요한 일이라고 생각돼서 교장 선생님한테 못 간다고 말씀드리라 한다면……."

메두사는 결코 자신과 디오니소스가 '그 행사에 초대받았다'며 거짓말하지는 않았다. 그저 상대방이 충분히 오해할만 하도록 교묘하게 말했을 뿐이었다.

"거짓말하지 마."

에우리알레가 반박했지만, 메두사도 물러서지 않았다.

"내 말 못 믿겠으면 창밖을 한번 내다봐. 교장 선생님이 안뜰에서 떠날 채비를 하고 계실 거야."

에우리알레가 창밖을 확인하러 간 동안 스테노는 복도에 서서 메두사가 몰래 달아나지 않게 단단히 지켰다.

"에우리알레, 뭐가 보여?"

스테노가 소리쳐 물었다.

"쟤 말이 맞아."

에우리알레가 꺼림칙한 목소리로 대답했다.

"교장 선생님이 학교 전차에 페가수스를 매고 있어."

"흠."

스테노는 긴 초록색 머리카락을 휙 넘기더니 메두사를 매섭게 노려보았다. 그러더니 짜증을 북북 내며 말했다.

"교장 선생님이 널 왜 신전 행사에 데리고 가는지 도무지 이해가 안 되네."

메두사는 자긴들 알겠냐는 듯이 어깨를 들썩이며 언니 곁을 지나갔다. 그러고는 짐짓 어깨 너머로 소리쳤다.

"난들 알겠어? 그냥 내가 마음에 들어서 그러시나 봐. 내가 근사한 결혼 선물을 드렸다는 건 언니들도 인정하잖아. 교장 선생님이 페가수스를 얼마나 아끼는지 알지?"

"야, 네 머리나 잘 감추는 게 좋을 거야!"

스테노가 이제 막 계단에 다다른 메두사에게 고약한 작별 인사를 건넸다. 그러자 이제 막 복도로 나온 에우리알레가 깔깔대며 한마디를 덧붙였다.

"그러게. 그 찐득거리는 파충류 때문에 페가수스가 겁먹으면 어떡해!"

메두사는 이를 벅벅 갈며 되받아쳤다.

"하, 하, 하. 뱀은 찐득하지 않다고 몇 번을 말해. 하여간 말귀를 못 알아듣는다니까."

'쉿, 쉿!'

메두사의 짜증을 더 강하게 드러내 주려는 듯 뱀들이 언니들을 향해 쉿쉿거리고 혀를 날름거렸다.

메두사는 기숙사 문을 나선 뒤 대리석 계단을 내려가며 빙그레 웃었다.

'언니들 얼굴에 질투하는 티가 아주 역력하던걸. 이번만큼은 내가 언니들을 부러워하는 게 아니라 그 반대가 됐어. 아, 고소해!'

4 훨훨 날아라!

 메두사가 다가가자 안뜰에 제우스와 함께 서 있던 디오니소스가 귀여운 보조개를 폭 패며 싱긋 웃었다. 메두사는 디오니소스가 아끼는 염소를 찾아서 정말로 기뻐하고 있다는 걸 알 수 있었다. 그리고 그렇게나 행복해 하는 디오니소스를 보노라니 자신까지 행복해졌다.
 "이제 떠날 채비가 거의 끝났어."
 디오니소스가 메두사의 가방을 건네받아 전차에 실었다. 둘이 타고 갈 전차는 짙은 보라색으로 양쪽에 올림포스 학교 로고와 황금빛 번개가 새겨져 있었다. 하지만 크기는 작아서 앉는 벤치가 한 줄 밖에 없었다. 제우스가 마지막으로 마구를 점검

하는 동안 페가수스는 발굽을 굴리고 황금 날개를 퍼덕이며 출발 준비를 했다.

메두사가 페가수스의 콧잔등을 두드려 주려 다가가자, 하얀 천마가 히힝거리며 아는 척을 했다.

"날 기억하니?"

메두사가 조심스레 물었다. 〈십대들의 두루마리 잡지〉 속에서 광고를 보고 샀던 목걸이 장식이 이렇게 멋진 천마로 변신했다니 여전히 믿을 수가 없었다. 원래 그 목걸이는 누구든 목에 거는 자를 불멸의 존재로 만들어 주는 '불멸 제조기'란 상품이었다. 보다시피 메두사한테는 아무런 효과가 없었지만 마법에 걸린 페가수스를 세상에 불러내는 계기가 되었다.

"당연히 기억하지."

제우스가 특별히 아끼는 페가수스의 목을 다정하게 쓰다듬으며 말했다.

"이 녀석은 뭐든 절대 잊는 법이 없어."

페가수스가 맞장단이라도 치듯 메두사에게 커다란 머리를 들이밀더니 메두사의 손에 코끝을 비볐다. 언니들의 악담과 달리 페가수스는 메두사의 뱀 머리를 전혀 거리끼지 않았고, 메두사의 뱀들도 페가수스를 경계하지 않았다. 올가미, 스위트피, 슬금이는 고개를 내밀어 페가수스의 주둥이를 톡톡 두드렸고, 덥석이와 비늘이는 몸을 쭉 늘이더니 인사라도 나누듯 페가수스의 이마에 머리를 툭툭 마주 댔다.

제우스가 페가수스 등에 휙 올라타자, 메두사도 서둘러 디오니소스 옆자리에 올라섰다. 메두사가 자리를 잡고 앉자마자 페가수스가 황금 날개를 펄럭였다. 자, 머나먼 곳으로 출발!

전차가 하늘 높이 날아오르는 사이, 메두사는 언니들이 창가에 서서 출발을 지켜보고 있는 모습을 흘깃 목격했다. 메두사는 얼른 전차 밖으로 몸을 빼고서 언니들을 향해 크게 손을 흔들어 보였다. 메두사가 연극이라도 하듯 입맞춤을 날려 보냈더니 언니들은 후다닥 창가에서 물러났다.

'하하. 내가 제우스 교장 선생님 같은 유명 인사와 함께 하늘을 나는 모습을 보고 있자니 얼마나 짜증이 나겠어 그래!'

곁에 있던 디오니소스가 이상하다는 표정으로 쳐다보자 메두사는 얼른 설명했다.

"언니들한테 인사했어."

"아, 요즘 부쩍 셋이 잘 지내는 것 같아 보기 좋아."

디오니소스의 대답에 메두사는 '너 지금 장난하니?'라고 되묻는 눈빛을 날렸다. 하지만 디오니소스는 푸른 하늘로 눈길을 돌리는 바람에 메두사의 표정을 보지 못했다.

　전차가 올림포스 학교 위로 날아오르자 메두사의 뱀들이 행복한 듯이 꿈틀거렸다. 올림포스 학교는 5층 높이에 윤기 흐르는 흰색 돌로 지어졌고, 사방이 이오니아식 기둥으로 둘러싸여 있어서 참으로 위풍당당했다. 학교 건물 너머 운동장에 학생들 스무여 명이 나와 있었다. 대부분 남학생인데, 그중 몇은 등반용 그물을 열심히 기어오르고, 나머지는 역도를 하거나 창던지기를 하고 있었다. 메두사는 팔꿈치로 디오니소스를 살짝 쳐서 주의를 끈 다음 턱으로 그쪽을 가리키며 물었다.

　"쟤네들 템플 게임 연습하고 있는 거니?"

　각종 운동과 모험으로 가득한 템플 게임이 열리기까지 아직 몇 주 남았는데 이미 연습이 시작된 모양이었다. 남학생과 여학생 모두 참가할 수 있지만, 메두사가 아는 바로는 참가 신청을 한 여학생이 많지 않았다. 무지개의 여신 이리스와 아르테미스 정도가 다였다. 그리고 바로 그 아르테미스가 지금 운동장에서 활시위를 당기고 있었다.

　한편 디오니소스도 참가 신청을 한 터라 운동장을 내려다보며 이렇게 말했다.

　"응. 안타깝지만 나는 이번 여행 때문에 주말 연습은 참가 못하게 됐어."

디오니소스는 잠시 아무 말이 없더니 메두사를 휙 쳐다보며 말했다.

"음, 템플 게임 참가자는 자신만을 지지해 줄 '챔피언'을 뽑는다는 거 알아?"

메두사는 여전히 아르테미스한테 눈길을 고정한 채 '글쎄?'라는 듯이 어깨를 들썩였다.

"그 챔피언은 정확히 무슨 일을 하는 거야?"

피웅!

아르테미스의 화살이 과녁 정중앙을 맞혔다.

"앗싸!"

메두사는 비록 아르테미스한테 들리지 않더라도 주먹을 치켜들며 환호를 보냈다. 쌍둥이 남매 아르테미스와 아폴론은 둘 다 활쏘기 실력이 대단했다.

"나도 정확히는 몰라."

디오니소스가 머뭇대며 대답했다.

"응원해 주고 뭐 그런 거겠지? 응원 팻말을 흔들어 준다든가."

그 말에 메두사가 눈알을 빙글 굴리며 대꾸했다.

"뭐야, 바보 같아."

그 말이 입 밖으로 나간 순간, 메두사는 깊이 후회했다.

'아, 건성으로 듣고 있다가 대충 대답했는데. 디오니소스가 화들짝 놀란 표정을 짓고 있잖아. 괜히 말을 꺼냈다고 생각하는 것 같아.'

디오니소스는 알 수 없는 표정으로 말했다.

"그래. 그런 것 같아."

디오니소스는 튜닉 호주머니에 손을 넣더니 보라색 리본이 달린, 구겨진 두루마리 편지를 꺼냈다.

메두사는 두루마리를 펼치는 디오니소스를 바라보며 생각에 잠겼다.

'혹시 디오니소스가 나한테 챔피언이 되어 달라고 부탁하려던 걸까? 사실 난 싫지 않은데. 아니, 솔직히 재미있을 것 같아!'

메두사는 자신이 뱉은 말을 다시 주워 담아보려 했다.

"음, 디오니소스. 혹시 너……, 나한테……."

"나도 전차 경주 때 헤라

한테 챔피언이 되어 달라고 부탁한 적이 있지."

제우스가 갑자기 고개를 돌리며 외쳤다. 둘의 대화를 들은 모양이었다.

"헤라가 그러겠다고 동의했을 때 정말로 영광이었단다. 헤라는 내 전차에 레이스 손수건을 묶어 주었을 뿐 아니라 경주 내내 누구보다도 큰 소리로 응원해 주었어. 정말로 기운이 절로 솟더구나."

다음 순간 전차가 구름 속으로 들어갔다. 제우스는 길을 잡느라 더는 말이 없었다.

디오니소스는 편지를 들고서 몸을 살짝 틀어 메두사를 마주 보았다.

"미다스 왕이 보낸 편지야."

디오니소스는 큰 소리로 편지를 읽기 시작했다.

친애하는 디오니소스에게

오늘 아침 내 장미 정원에서 꼴이

꾀죄죄한 흰색 염소를 발견했단다.

목에 두른 인식표를 보니

'내 이름은 실레노스예요. 발견하신 분은

올림포스 학교의 디오니소스에게 연락주세요.'라고
쓰여 있더구나.
형편이 되는 대로 와서 실레누스를 데려가렴.
그때까지 내가 잘 돌보고 있으마. 내 왕궁까지
오는 길을 그린 지도를 첨부한다.

우정을 담아서
프리기아의 왕 미다스.

제우스가 디오니소스의 목소리를 들었는지 다시 아이들 쪽으로 소리쳤다.
"디오니소스, 지도를 이리 줘 봐라. 아무래도 길에서 살짝 벗어난 듯 싶구나."
미다스 왕이 작은 파피루스에 그린 지도가 편지 안에 말려 있었다. 디오니소스는 얼른 지도를 꺼내어 제우스에게 건넸다. 그러고는 메두사를 바라보며 말했다.
"실레노스는 오랫동안 행방불명이었어. 다시 만날 수 있을 거란 희망은 저버리고 있었는데, 난……."
"아니, 저게 뭐야!"

제우스가 버럭 소리를 질렀다. 두 아이는 깜짝 놀라서 그쪽으로 눈길을 돌렸다. 제우스가 아래쪽을 내려다보고 있는데 뭔가 대단히 짜증이 난 눈치였다.

페가수스의 속도는 날개 샌들은 말할 것도 없고 다른 동물이 끄는 전차에 비해 엄청나게 빠르기 때문에 벌써 푸르게 반짝이는 에게 해를 절반이나 지나고 있었다. 메두사와 디오니소스가 제우스의 눈길을 따라가 보니 바다 한가운데 있는 어느 섬 주위에 기다란 나무배 한 척이 맴돌고 있었다. 섬 위에는 하얀 대리석으로 지은 멋진 신전이 자리 잡고 있었다.

갑자기 전차가 크게 흔들렸다. 제우스가 페가수스에게 배를 향해 급강하하라고 지시를 내렸기 때문이었다. 맙소사, 배에 가까이 접근해 보니 돛대 위에 해골이 그려진 깃발이 펄럭이고 있었다!

"그럴 줄 알았다."

제우스가 이를 벅벅 갈았다.

"해적들이로군! 저놈들이 요즘 내 신전에서 귀한 재물을 훔쳐 간다는 보고를 받았지. 비열한 악당들 같으니라고. 흥, 오늘은 네 놈들 뜻대로 안 될 거야!"

제우스는 등에 메고 있던 번개 보관통에서 번개를 끄집어내어 배를 향해 힘껏 던졌다.

번쩍! 우르릉 쾅!

갑판에 번개가 내리꽂히자 불길이 화르르 솟아올랐다. 해적들이 우왕좌왕하며 정신없이 뛰어다녔다. 겁을 먹은 자들은 서둘러 배에서 뛰어내려 헤엄쳐 달아나기 시작했고, 배짱이 있는 자들은 양동이로 물을 떠 와서 불을 끄려했다.

"명중!"

상황을 지켜보던 디오니소스가 주먹을 치켜들며 소리쳤다.

"한동안은 말썽을 피우지 못할게다!"

제우스가 해적들에게 고함을 치더니 싱글싱글 웃으며 다시 하늘로 길을 잡았다. 얼마 지나지 않아 일행은 에게 해를 건너 소아시아 지역을 지나게 되었다. 제우스는 지도를 살펴보고서 페가수스를 왕궁 쪽으로 인도했다.

"어머! 장미 정원이 보이는 것 같아!"

잠시 후 메두사가 소리치며 아래쪽을 가리켰다. 장미 덤불이 줄지어선 멋진 정원이 보였다.

'우아! 정원이 엄청 크네. 장미 나무가 수백 그루는 될 것 같아!'

페가수스가 착륙하려 하자, 디오니소스가 혼란스러운 표정으로 중얼거렸다.

"저기 오두막 한 채가 있긴 한데, 왕궁은 도대체 어디에 있는 거지?"

제우스가 맞장단을 쳤다.

"내 말이 그 말이다."

드디어 전차가 땅에 내려섰다. 하지만 앞에 있는 건물은 돌을 쌓아 벽을 만들고, 초가지붕을 올린 작은 오두막뿐이었다. 장식 없이 평범한 나무문이 휙 열리더니 키가 크고 호리호리한 체격에 수염을 기른 남자가 나타났다. 남자는 갈색 곱슬머리 위에 수수한 황금 왕관을 썼는데 손님들을 향해 달려오느라 왕관이 옆으로 비스듬히 흘러내려 있었다. 남자 옆에는 작고 하얀 염소가 신나서 깡충깡충 뛰고 있었다.

"실레노스!"

디오니소스가 소리치자, 목소리를 들은 염소가 그에게 달려가 머리로 툭툭 들이받으며 반가움을 표했다.

"메에에! 메에에!"

실레노스가 기뻐서 목청을 높이자 디오니소스는 무릎을 꿇고 앉아서 실레노스를 꼭 안아 주었다.

디오니소스와 실레노스가 재회의 기쁨을 나누는 사이, 미다스 왕은 제우스와 메두사를 반갑게 맞았다. 자신을 찾아온 손님이 제우스라는 사실을 깨닫자 미다스 왕은 당황한 것 같았다.

"어서 오십시오. 환영합니다. 고매하시고 저명하시고……, 음……, 자애롭고 뛰어나시며 강력하시고……, 어……, 가장 너그러우시고 위대하신 하늘의 지배자시여."

미다스 왕은 계속 굽신굽신 절을 하며 찬양의 인사를 건넸다.

제우스는 미다스 왕이 존경심을 보이자 기분이 좋은지 활짝 웃었다. 그러고는 디오니소스와 실레노스를 가리키며 말했다.

"고맙소! 우리 학교 학생에게 아주 고마운 일을 해 주었소이다."

디오니소스와 실레노스는 어느새 장미 덤불 사이에서 술래잡기 놀이를 하고 있었다.

제우스가 다시 말을 이었다.

"이왕 환대를 베푸는 김에 내가 아이자노이 신전에 다녀올 동안 여기 디오니소스와 메두사 두 학생을 하룻밤 돌봐 줄 수 있겠소? 내일 아침에 와서 아이들을 데려가리다."

"아, 예, 예. 그러십시오!"

미다스 왕이 얼마나 고개를 열심히 끄덕였는지 왕관이 앞으로 쏟아졌다가 뒤로 흘러내렸다가 했다.

"저야 영광이지요. 신들 중에서 가장 위대하시며, 모든 불멸의 존재 중에서도 가장 강력한 왕이시며……."

"잘됐군! 고맙소!"

제우스가 미다스 왕의 말을 자르고 휙 돌아서더니 페가수스가 있는 쪽으로 걸어갔다.

"케이크 좀 싸 가시겠어요?"

미다스 왕은 뭔가 생각난 듯 얼른 덧붙였다.

"평소 드시던 것만큼 맛나지는 않겠지만 그래도……."

제우스가 걸음을 멈췄다. 어쩔까 고민하는 게 분명했다. 메두사는 속으로 살짝 웃었다.

'교장 선생님이 달콤한 간식이라면 사족을 못 쓰시지.'

하지만 아직 케이크가 완성되지 않았다는 말에 제우스는 다시 걸음을 옮겼다.

"고맙지만 사양하겠소이다. 어서 길을 떠나야 해서 말이오."

제우스는 페가수스한테서 전차와 연결된 마구를 떼어 내고서 하얀 말 잔등에 훌쩍 뛰어올랐다. 페가수스가 황금 날개를 한 번 펄럭이더니 하늘로 힘차게 날아올랐다.

미다스 왕은 그 광경을 입을 떡 벌리고 바라보다가 이윽고 메두사에게 눈길을 돌렸다. 메두사는 인간인 미다스 왕을 보호

하기 위해 땅에 착륙할 때부터 스톤글라스를 쓰고 있었다.

'초대해 준 사람을 돌로 만들어 버리는 건 고의가 아니라 해도 결코 예의 바른 행동이라 할 수 없잖아?'

미다스 왕이 갓 떨어진 장미 꽃잎을 한 움큼 줍더니 메두사에게 내밀었다.

"자, 이거 받으렴. 네 뱀들이 간식으로 먹으면 좋을 듯해서 말이야."

"고맙습니다."

메두사는 꽃잎을 받아서 머리 위로 확 뿌렸다. 그러자 뱀들이 신이 나서 덥석덥석 받아먹었다. 메두사는 자신의 머리에 솟아 있는 뱀을 보고도 미다스 왕이 당황하지 않는 데 적잖이 놀라고 또한 기뻤다. 인간은 대부분 메두사의 뱀을 보고 기겁하기 때문이었다.

미다스 왕이 말을 꺼냈다.

"그럼 궁전으로 가 볼까? 너희가 묵을 방으로 안내해 주마. 그런 다음 장미 정원에서 케이크를 먹으며 저녁 다과회를 가지자꾸나. 아, 물론 네 뱀들을 위한 간식도 준비할 거야."

메두사의 뱀들은 장미 꽃잎을 더 먹을 수 있다는 말에 기뻐서 몸을 꿈틀거렸다. 메두사는 속으로 생각했다.

'흠, 내 뱀들은 미다스 왕이 마음에 드나 봐. 얘들은 상대의 성격을 늘 정확히 파악하잖아.'

메두사는 초대에 응하겠다는 표시로 고개를 끄덕이며 방긋 웃고서 디오니소스를 불렀다. 디오니소스가 다가오자 실레노스도 "메에." 하며 쫄랑쫄랑 따라왔다.

디오니소스는 전차에서 자기 가방을 내린 뒤 메두사의 가방으로 손을 뻗었다. 그런데 메두사가 먼저 자기 가방을 집어 들었다.

"됐어. 내 건 내가 들게."

미다스 왕을 따라 '오두막' 왕궁으로 가는 동안 메두사는 퍼뜩 깨달음이 들었다.

'아! 디오니소스는 날 이것 하나 못 드는 애로 여겨서 그런 게 아니야. 그냥 나한테 친절을 베풀려는 것뿐이었어.'

메두사는 조금 혼란스러웠다.

'흠, 그럼 그냥 도와주게 둬야 했나? 사랑과 미의 여신 아프로디테라면 그랬을 거야. 하긴 남자 친구, 여자 친구란 게 뭐야? 서로 돕는 사이인 거잖아. 에잇, 가방 진짜 무겁네. 망했어. 또 실수를 저지르다니. 아, 남자는 이래야 한다, 여자는 이래야 한다는 규칙 아닌 규칙 짜증나. 이러다간 디오니소스가

오해하겠어. 내가 자기를 좋아하지 않는다고 말이야!'

디오니소스의 방은 오두막 앞쪽에, 메두사의 방은 뒤쪽에 자리하고 있었다. 그 사이에 있는 가운데 공간은 거실 겸 식당으로 이용하고 있는 듯했다. 벽난로 앞에 솜이 두툼하게 든 안락의자 세 개가 놓여 있고, 하얀 식탁보가 깔린 식탁과 포크, 나이프 보관용 작은 탁자가 한쪽에 마련되어 있었다.

메두사는 미다스 왕이 지낼 세 번째 방이 오두막 안에 없다는 걸 깨달았다.

"어, 미다스 왕께서는 어디서 주무세요?"

"내 걱정은 하지 않아도 된단다. 나는 저 벽난로 앞에 있는 의자에서 편히 잘 자니까 말이다. 너희야말로 부디 내 집이라 여기고 편히 묵으렴."

"하지만……."

메두사가 말려 보려 했지만 미다스 왕은 이미 오두막 뒷문으로 향하고 있었다.

"부엌은 바깥에 있단다. 가서 요리사와 케이크에 대해 이야기해 봐야겠구나."

디오니소스가 입술에 손가락을 갖다 대며 메두사에게 그만하라는 신호를 보내더니 나직이 속삭였다.

"우리가 여기서 묶으라는 미다스 왕의 제안을 거절하면 혹시 누추해서 그러나 하고 자존심 상해 할 거 같아. 그냥 하라는 대로 하자."

메두사는 천천히 고개를 주억거렸다. 디오니소스의 말이 옳았다. 메두사는 얼른 자기한테 배정된 방으로 가서 짐을 풀었다. 그런 다음 작은 거실로 가서 디오니소스를 다시 만났다.

"디오니소스, 미다스 왕의 나라는 가난한 걸까? 그래서 왕이 이렇게 작은 오두막에서 사는 걸까?"

"나도 그게 궁금하던 참이야."

메두사와 디오니소스는 미다스 왕을 만나러 장미 정원으로 갔다. 고리버들을 짜서 만든 작고 하얀 탁자에 찻주전자, 찻잔 등이 마련되어 있었다. 모두 자리를 잡고 앉자 미다스 왕이 직접 일일이 차를 따라 주었다. 잠시 후 긴 금발에 볼이 발그레한 요리사 아가씨가 커다란 케이크를 들고 나타났다. 어쩐지 케이크 가운데가 푹 꺼져 있더라니 요리사가 케이크를 잘라서 나눠 줄 때 보니 안이 제대로 익어 있지 않았다. 그런데도 미다스 왕은 이렇게 말했다.

"타니스, 고맙다. 아주 맛있을 것 같구나."

타니스가 부엌으로 돌아가자 미다스 왕이 멋쩍은 듯 말했다.

"케이크가 이래서 미안하구나. 타니스가 요리에 아주 재능이 있는 편은 아닌데 일자리가 필요했단다."

메두사는 덜 익어서 반죽이 끈적대는 케이크를 한입 먹고서 속으로 중얼거렸다.

'요리에 아주 재능이 있는 편은 아닌 요리사라고? 흠, 말을 굉장히 돌려서 점잖게 하시네. 어휴, 교장 선생님이 이걸 드시고 가지 않으셔서 다행이야. 절대 마음에 들어 하셨을 리가 없어.'

미다스 왕이 다시 말을 이었다.

"얼마 전 티폰이 난동을 부렸을 때 타니스네 가족의 농장이 아주 극심한 피해를 입었단다. 그때 이 일대의 많은 농장과 집이 타격을 입었지."

메두사는 퍼뜩 깨달음이 왔다.

'아, 그래서구나. 그래서 미다스 왕이 이렇게 가난한 거로구나.'

티폰은 초대형 회오리바람을 일으키는 괴물인데 오랫동안 지하 세계 깊은 곳에 갇혀 있었다. 그런데 얼마 전 도망쳐 나와서 많은 땅을 황폐하게 만들고, 심지어 올림포스 학교까지 공격했다. 다행히 제우스가 무지개의 여신 이리스와 바람의 신 사 형제의 도움으로 티폰을 잡아 비밀스러운 곳에 다시 가두었다. 그럼에도 불구하고 모두 부디 티폰이 또 도망쳐서 문제를 일으키지 않기를 간절히 바라고 있었다.

메두사는 디오니소스가 몰래 탁자 밑에 있는 실레누스에게 자기 케이크를 먹이는 걸 목격했다. 하긴 메두사 눈에 훤히 보이는 걸 보면 딱히 몰래 먹이고 있다고도 볼 수 없었다. 그래도 케이크를 맛있게 먹는 존재가 하나라도 있으니 다행이었다. 종이까지 먹는 염소 아니랄까 봐 실레누스는 맛없는 케이크를 신나게 먹어 치웠다.

"티폰이 일으킨 회오리바람에 내 왕궁, 진짜 왕궁이 깡그리 날아가 버렸단다."

미다스 왕은 서글픈 한숨을 폭 쉬더니 디오니소스를 바라보며 빙그레 웃었다.

"그래도 이 장미 정원은 기적적으로 무사했단다. 이곳마저 파괴되었으면 정말로 마음이 아팠을 것 같아."

미다스 왕은 거의 손도 대지 않은 자기 몫의 케이크를 디오니소스에게 건네며 윙크를 찡긋했다.

"아무래도 실레누스가 케이크를 좀 더 먹고 싶어 하는 것 같지?"

실레누스가 두 번째 케이크에 이어 메두사가 '기꺼이 양보한'

세 번째 케이크까지 먹어 치운 뒤 미다스 왕은 메두사와 디오니소스에게 가장 아끼는 장미 덤불을 구경시켜 주었다.

"너무 진하지 않으면서도 달콤한 장미향을 만끽해 보렴."

뱀은 혀로도 냄새를 맡기 때문에 메두사의 뱀들은 이제 아예 혀를 밖으로 쭉 빼고 있었다. 그러고서 신들이 먹고 마시는 암브로시아와 넥타르에 견줄 만큼 황홀한 장미향을 맡느라 혀를 정신없이 날름거렸다.

"올림포스 학교에 페르세포네라는 소녀 신이 있는데 이 정원에 대해 알게 되면 와 보고 싶어서 죽을지도 몰라요."

메두사는 싱글싱글 웃으며 덧붙였다.

"페르세포네가 불멸의 존재인 게 얼마나 다행이에요."

메두사의 말에 디오니소스가 씩 웃었다. 그러나 달리 무슨 말을 하지는 않았다. 뒤에서 뭔가 우적우적 씹어 먹는 소리가 나서 모두 놀라 고개를 돌렸기 때문이었다.

"실레누스, 안 돼! 그러지 마!"

디오니소스가 염소에게 꾸지람을 퍼부었다. 실레누스는 케이크를 세 조각이나 먹어 치우고서도 장미 덤불을 탐내고 있었다. 그새 뜯어 먹은 곳은 이미 가지가 한쪽으로 기울어져 쓰러지거나 꽃이 모조리 사라지고 없었다.

미다스 왕의 얼굴에 경악하는 표정이 휙 스쳐 지나갔다. 하지만 미다스 왕은 얼른 얼굴을 펴고서 껄껄 웃으며 디오니소스에게 말했다.

"걱정 말게나. 가지치기를 적당히 해 준다고 해서 나무가 상하지는 않으니 말이야. 오히려 훨씬 더 빨리 자라나지."

그래도 메두사와 디오니소스는 실레누스가 혹시 더 폐를 끼칠까 걱정한 나머지 뒤를 후다닥 쫓아갔다. 실레누스는 술래잡기라도 하는 줄 아는지 덤불 사이로 이리저리 신나게 달아났다. 그렇게 한참을 쫓아다닌 뒤 메두사와 디오니소스는 실레누스를 미다스 왕이 기다리고 있는 오두막 문 앞으로 모는 데 성공했다. 어느새 해가 뉘엿뉘엿 지고 있었고 공기도 한결 선선해져 있었다. 일행은 다 함께 오두막으로 들어갔다.

"그럼 새 궁전은 언제 지을 거예요?"

메두사가 여전히 숨을 헉헉 대며 물었다.

"한동안은 그럴 계획이 없단다."

미다스 왕이 못 박아 말했다.

"백성들의 집과 일터를 재건하는 일이 훨씬 더 중요하니까. 거기 쓸 돈이 좀 더 있으면 하는 바람은 있단다."

미다스 왕은 한숨을 푹 쉬고서 말을 이었다.

"지금 진행되고 있는 재건 사업에 돈을 대느라 내 금고는 거의 바닥이 났거든. 사업은 이제 시작되었을 뿐이고 앞으로 할 일이 훨씬 더 많은데 말이야."

그 말을 듣고 메두사는 속으로 중얼거렸다.

'나만 돈 문제를 겪는 게 아니로구나. 게다가 나보다 미다스 왕의 상황이 훨씬 더 힘든 것 같아. 만화 경진 대회 응모비 같은 건 나라 전체를 다시 일으켜 세우는 데 들어가는 비용과 비교가 안 되잖아!'

일행은 거실로 갔다. 미다스 왕, 메두사, 디오니소스는 벽난로 앞 의자에, 실레누스는 디오니소스의 발치에 몸을 동그랗게 말고 앉아 다들 편안히 쉬려는데 갑자기 정원에서 와장창 하는 소리가 들렸다. 곧바로 여자아이 비명이 뒤를 따랐다.

"어떡해! 찻잔이 깨졌어!"

미다스 왕이 자리에서 일어났다.

"잠깐 실례하마. 가서 타니스가 깨뜨린 잔을 치우는 걸 도와줘야겠어."

미다스 왕이 밖으로 나가자 메두사는 디오니소스를 보며 농담을 툭 던졌다.

"보아하니 타니스는 그릇 치우는 실력도 요리 실력이랑 비슷한가봐."

디오니소스가 풋 하고 웃음을 터뜨리자 메두사도 빙그레 웃음이 났다. 디오니소스를 웃게 만들면 정말 기분이 좋았다.

"진지하게 하는 말인데, 뭔가 미다스 왕을 도울 길이 있으면 좋겠어. 네 능력으로 이 나라를 도울 방법이 없을까?"

"나도 그 생각을 하던 중이야."

디오니소스는 손을 뻗어 실레누스를 부드럽게 쓰다듬었다. 실레누스는 찻잔 깨지는 소리에 놀라서 귀를 쫑긋 세우더니 이내 신경을 끄고서 다시 졸기 시작했다. 아마 배가 너무 불러서 만사가 귀찮은 모양이었다.

"그래서?"

메두사가 눈을 반짝이며 묻자 디오니소스가 대답했다.

"내가 해 줄 수 있는 게 한 가지 있기는 있어. 우리를 잘 대해 준 것과 실레누스를 잘 보살펴 준 데 대한 고마움의 표시로 소원을 한 가지 들어줄까 싶어."

"소원을 들어준다고? 정말 좋은 생각이야. 해 봐."

"뭘 해 본다는 거냐?"

미다스 왕이 집 안으로 들어서며 물었다. 왕이 깨진 잔이 한가득한 쟁반을 탁자에 내려놓는 사이 디오니소스가 자기 생각을 전했다.

"아, 참으로 고마운 제안이로구나."

미다스 왕이 말했다.

"하지만 실레누스를 돌보는 일은 아주 즐거웠고, 난 너희와 함께 지내게 되어 충분히 기쁘단다. 하지만 친절을 베풀었다고 보상을 받을 필요는 없어. 친절 자체가 이미 상을 가져다주었으니 말이야."

메두사는 그 말에 깜짝 놀랐다.

"네? 안 돼요! 받으셔야 해요! 아, 물론 임금님의 생각 자체는 매우 훌륭하세요."

메두사는 특유의 직설적인 태도로 말했다.

"하지만 친절이 나라를 다시 세워 주거나 백성들을 도와주지는 못하잖아요."

메두사는 잠시 머뭇대다가 덧붙였다.

"하지만 돈은 할 수 있죠."

"아!"

미다스 왕의 눈이 휘둥그레졌다.

"무슨 말을 하려는 건지 이제 알겠구나!"

미다스 왕은 미간을 찌푸려 가며 깊은 생각에 빠졌다. 그러더니 마침내 디오니소스 쪽으로 몸을 기울이며 말을 꺼냈다.

"제안을 받아들이마. 내 소원은 아주 분명해."

"말씀하세요."

"음, 모두가 나더러 장미를 기르는 손재주가 뛰어나다고 하더구나."

미다스 왕이 머뭇머뭇 말했다.

"나한테 '초록 엄지'라는, 식물을 잘 키우는 사람을 가리키는 별명을 붙여 주기도 하고 말이야."

미다스 왕은 한참 망설이더니 다시 입을 열었다.

"그래서 말인데……. 혹시 금을 만들어 내는 재주를 얻을 수 있을까? 그러니까 내게 '황금 손길'을 주면 어떨까? 내가 손대면 무엇이든 황금으로 바뀔 수 있도록 말이야."

미다스 왕이 오른쪽 집게손가락을 들어 보였다.

메두사의 눈이 반짝했다.

"우아! 근사하겠다. 디오니소스, 너 할 수 있어?"

디오니소스의 얼굴에 순간 어두운 그림자가 드리웠다. 그러나 너무 순식간이라 메두사는 자기가 잘못 본 거라 생각했다.

"응. 그런데 정말 그 소원을 바라세요?"

디오니소스가 미다스 왕에게 물었다.

"기회는 딱 한 번뿐이에요. 일단 소원이 이루어지고 나면 절대 되돌릴 수 없어요."

그 말에 메두사는 기막혀 하며 불쑥 끼어들었다.

"그런 영광스러운 능력을 얻고 나서 왜 도로 물리려 하겠어? 말도 안 돼!"

메두사의 말에 미다스 왕이 용기를 얻었는지 열심히 고개를 끄덕였다.

"그래! 난 그 능력을 원한단다."

"좋아요."

디오니소스는 정신을 집중하더니 손을 내밀어 미다스 왕의 오른쪽 집게손가락을 가리켰다.

"내 쪽으로 손을 내밀어요."

미다스 왕이 시키는 대로 손을 뻗자 디오니소스는 주춤 뒤로 물러나며 말했다.

"지금이 마음을 바꿀 수 있는 마지막 기회예요."

"절대 안 바꿀 거야."

메두사가 다시 끼어들었다.

"절대 안 바꾼다고 하시잖아."

메두사는 어서 미다스 왕의 신세가 '손가락 하나만큼이라도'

나아지기를 바라는 마음에 조바심이 났다.

"좋아요. 그 능력을 드리죠."

디오니소스가 자신의 오른쪽 집게손가락을 미다스 왕의 오른쪽 집게손가락에 갖다 댔다. 두 손가락 끝이 만나는 순간 은은한 빛이 나타났다가 곧바로 사라졌다. 이윽고 디오니소스가 손을 뗐다.

미다스 왕은 혼란스러운 듯 머뭇머뭇 손을 내렸다.

"이게 다야?"

미다스 왕과 메두사가 한목소리로 물었다. 디오니소스는 고개를 끄덕이며 빙그레 웃었다.

"이제 미다스 왕께서는 진정한 의미의 '금손'이 되셨어요."

미다스 왕은 손을 앞으로 뻗은 채 거실로 달려가 깨진 찻잔에 집게손가락 끝을 갖다 댔다. 메두사는 미다스 왕과 함께 숨도 쉬지 않고 찻잔만 말똥말똥 쳐다보았다.

"아무 일도 안 일어나네요."

메두사는 잔뜩 실망했다. 그러나 디오니소스는 전혀 걱정이 없다는 듯 싱글싱글 웃으며 미다스 왕을 쳐다보았다.

"마법이 효력을 발휘하려면 시간이 좀 걸려요. 하룻밤 지나면 효과가 있을 거예요. 아침에 일어나면 황금 손길을 가지게

될 거예요. 장담할 수 있어요."

"황금 손길이라, 황금 손길······."

메두사는 꿈꾸듯 중얼거렸다. 되뇌어 볼 수록 그 말이 마음에 들었다. 뭔가 찬란히 빛나는 듯한 느낌이 있었다. 황금처럼 반짝이는 듯한 느낌이······.

5 황금 손길

 단출한 저녁 식사를 마친 뒤 메두사와 디오니소스는 각자의 방으로 돌아갔다. 그러나 메두사는 바로 잠자리에 들지 않았다. 오히려 아이디어가 폭발할 듯이 떠올라서 두루마리와 펜을 꺼내 들었다. 드디어 만화 경진 대회에 제출할 열 번째 만화를 그릴 수 있을 것 같았다! 오늘 하루 동안 떠오른 아이디어에 상상을 더하니 펜 끝에서 글과 그림이 술술 뽑아져 나왔다.
 새 만화는 심술 여왕이 고르곤졸라 치즈 마법을 써서 무시무시한 괴물로부터(미다스 왕과 아주 닮은 어떤) 왕을 구하는 이야기였다.
 "티폰 비슷하게 생긴 괴물이 가는 곳마다 접시를 부수고 눈에 보이는 모든 걸 먹어 치우고 다니는 거야. 심지어 사랑스러운 반려 염소마저 잡아먹으려 들지! 그러다가 괴물이 심술 여왕의 마법 치즈를 한입 베어 무는데, 치즈가 펑 하고 폭발하는 거야!"

메두사는 보기만 해도 독자가 웃음을 터뜨릴 수 있도록 놀란 표정의 괴물 얼굴을 최대한 재미나게 그렸다. 새 만화가 완성되자 메두사는 자신의 작품을 꼼꼼히 살펴보았다.

'완벽해!'

메두사가 그토록 필요로 했던 마지막 열 번째 만화가 드디어 완성되었다. 액션과 유머가 넘치고, 이야기의 흐름 속도도 적당했다.

'내 입으로 말하긴 좀 그렇지만, 이 만화 때문에 대회에 출품할 작품 수준이 한결 더 높아졌어.'

다음 날 아침 메두사는 얇은 커튼 사이로 비쳐 들어오는 햇살에 눈을 떴다. 전날 밤 만화를 그리느라 늦게까지 깨어 있었던 터라 늦잠을 자고 말았다.

'헉!'

메두사는 얼른 일어나 옷을 갈아입었다. 그다음 가져온 사료 주머니에서 말린 완두콩과 당근을 꺼내어 뱀들에게 주고 가방

텐데. 뭐 이유를 들어 보니 어쩔 수 없긴 하네. 교장 선생님이 오실 때까지 미다스 왕이랑 지내야 할 모양이야. 디오니소스랑 함께 돌아가면 더 즐거웠겠지만 어쩌겠어? 주어진 상황에 맞춰 움직여야지."

메두사는 '초록 아가씨'와 '마법 남친'이란 말에 유난히 눈길이 갔다. 그렇게 몇 번을 들여다보다가 편지를 다시 접어서 키톤 호주머니에 넣었다. 전날 밤 디오니소스가 미다스 왕의 소원을 들어준 일이 기억났기 때문이었다.

"애들아, 황금 손길이 이제 제대로 힘을 발휘하는지 알아보러 가자."

메두사는 미다스 왕을 만나러 얼른 문을 열고 밖으로 나갔다.

"오, 신이시여!"

메두사는 눈앞에 펼쳐진 광경에 입을 떡 벌렸다. 번쩍이는 황금이 거실 안에 가득했다. 의자도 황금이고, 바닥 타일도 황금이고, 탁자도 황금이었다. 황금 탁자 위에 놓인 황금 접시에는 황금 사과, 황금 포도, 황금 복숭아가 높이 쌓여 있었다.

'우아, 이것만으로도 가치가 어마어마하겠는데? 이제 미다스 왕은 다시 부자가 됐어!'

황금 현관문이 열려 있었기에 메두사는 미다스 왕이 밖으로 나갔나 보다 생각하고 따라나섰다. 그리고 오두막 밖으로 나선 순간 다시 한 번 자신의 눈을 의심했다. 정원 전체에 열을 지어 자라고 있던 장미 덤불이 모두 번쩍이는 황금으로 변해 있었기 때문이다!

"정말 아름다워!"

메두사는 탄성을 터뜨렸다. 그런데 어디선가 우는 소리가 들려왔다.

'누구지? 미다스 왕인가?'

황금 장미 숲에 반사된 햇살이 곳곳에 반짝이는 빛기둥을 드리우고 있었다. 메두사는 그 사이를 달려 미다스 왕을 찾아 나섰다.

잠시 후 메두사는 황금으로 변한 버들고리 탁자를 발견했다. 메두사의 기억대로라면 미다스 왕이 가장 아끼는 장미덤불이 이 근처였다. 아니나다를까 미다스 왕은 그 장미 앞에 주저앉아 있었다.

메두사의 발걸음 소리를 듣고서 미다스 왕이 눈물로 얼룩진 얼굴을 들었다.

"망가졌어. 다 망가져 버렸어."

미다스 왕이 고통스럽게 신음했다.

"실수로 장미 한 송이를 건드렸는데 쉬잇 하는 소리와 함께 정원 전체가 황금으로 변해 버렸단다."

메두사는 주위를 휘휘 돌아보았다.

"뿌리나 잎이 서로 연결되어 있어서 그런 걸까요? 그래도 아름답긴 한데, 마음에 안 드세요?"

메두사는 미다스 왕에게 가까이 다가서다가 다시 주춤주춤 물러섰다. 생각해 보니 황금 손길에 너무 가까이 다가서서 좋을 일이 없을 듯했다.

"아니, 아름답지 않아!"

미다스 왕이 꺼이꺼이 통곡을 했다.

"이 장미는 꽃잎이 루비처럼 진한 빨간색에 최고급 향수 같은 향기를 풍겼어. 이쪽 장미는 주황색 꽃이 비교할 수 없이 좋은 향기를 뿜었지. 저기 저 장미 덤불은 노을처럼 보랏빛을 띤 분홍색 꽃을 피웠어. 그런데 지금은 불쌍한 장미들이 모조리 같은 색으로 변해 버린 데다 아무런 향기도 품고 있지 않잖아!"

그때 노란 나비 한 마리가 미다스 왕이 아끼는 덤불로 팔랑팔랑 날아왔다. 하지만 아무런 향기도 맡지 못하자 굳이 꽃에 내려앉으려 하지 않았다. 메두사는 속으로 중얼거렸다.

'하긴 이런 금속 장미가 꿀을 품고 있을 리가 없잖아.'

메두사는 어떻게든 미다스 왕을 위로하려 했다.

"맞아요. 하지만 생각해 보세요. 이걸 팔면 수백 아니 수천 종의 장미 나무를 살 수 있잖아요. 이제 부자라고요!"

와장창!

메두사가 소리가 난 쪽으로 고개를 돌려 보니 타니스가 정원 입구에 서 있었다. 타니스가 황금으로 변해 버린 장미 정원을 보고 너무 놀라서 들고 있던 쟁반을 떨어뜨린 모양이었다. 메두사가 얼른 말을 걸어 보려 했지만 타니스는 그대로 도망치듯 달려가 버렸다.

'흠, 타니스가 우리 대화를 어디서부터 들은 걸까?'

"맨 처음 꺾꽂이를 했을 때부터 내가 직접 돌봤어!"

미다스 왕은 너무 비통한 나머지 찻잔이 깨지는 소리가 아예 귀에 들리지도 않은 듯했다.

"내겐 그야말로 어여쁜 자식 같은 존재란 말이다."

미다스 왕은 하염없이 슬픈 표정을 지으며 바로 앞에 있는 장미 한 송이를 두 손으로 감쌌다.

"이 품종은 '착한 아이'라고 이름 지었어."

이어 이 나무 저 덤불을 가리키며 말했다.

"저기 저 나무는 '개구쟁이', 이쪽 나무는 '진주 소녀'라고 이름 붙였지. 그런데 내가 이 모든 걸 망가뜨렸구나!"

미다스 왕의 두 눈에는 절망이 가득했다.

그렇게 슬픔에 젖어 있던 미다스 왕이 갑자기 자리에서 벌떡 일어났다.

"무슨 수를 써서라도 이 일을 바로 잡아야겠어!"

"어……. 어제 디오니소스가 한 번 소원을 들어 주면 절대 되돌릴 수 없다고 했잖아요. 가능할지……."

메두사는 당황해서 말을 잇지 못했다.

'디오니소스는 미다스 왕의 소원을 들어주면서 이런 상황이 벌어지리라고는 전혀 상상도 못했을 거야. 나도 마찬가지고. 아, 어떻게 하면 좋을까?'

메두사는 손을 뻗어 뱀들을 토닥이며 미다스 왕을 도울 방법을 열심히 궁리했다.

"그래, 나도 안다."

미다스 왕이 고개를 끄덕이며 말했다.

"그런데 누군가의 소원을 들어줄 때는 '만족도 보장' 조항 같은 게 있어야 하지 않을까? 그게 이치에 맞는 일 같은데 말이야. 소원을 이룬 걸 후회하는 사람이 나 뿐만은 아닐 거야."

미다스 왕의 눈에 희망의 빛 한 줄기가 스치고 지나갔다.

"디오니소스가 일어나면 혹시 이 능력을 없앨 방법이……."

"아, 디오니소스는 먼저 떠났어요."

메두사는 얼른 호주머니에서 디오니소스의 편지를 꺼냈다. 그리고는 미다스 왕에게 읽어 주려고 편지를 펼치다가 실수로 땅에 떨어뜨리고 말았다. 미다스 왕은 별 생각 없이 메두사에게 편지를 주워 주려고 손을 뻗었다. 그런데 왕의 집게손가락이 닿자마자 편지가 황금으로 변해버렸다.

미다스 왕이 황금 편지를 절망적인 눈으로 쳐다보자 메두사는 얼른 왕을 위로했다.

"괜찮아요. 아직 읽을 수 있어요."

사실이었다. 황금 편지에 디오니소스의 글씨가 끌로 판 것처럼 새겨져 있었다. 메두사는 황금 편지를 집어 들었다. 그리고는 실레누스가 배탈이 나는 바람에 얼른 고향으로 데려가야 했고, 디오니소스는 프리기아로 돌아올 계획이 없다는 것을 알렸다.

미다스 왕은 감정이 북받쳐 탄식을 터뜨렸다.

"아, 내 어깨에서 이 황금의 저주를 거두어 줄 수 있는 이가 있다면 좋으련만."

메두사는 이 '킹왕짱' 문제를 해결할 방법이 없나 해서 주위를 휘휘 둘러보았다.

'이런 놀라운 능력을 없애려 하다니 믿을 수가 없어. 물론 황금으로 바꾸고 싶지 않은 것을 실수로 만지지 않게 늘 조심해야 하긴 하지. 그래도 내가 때때마다 스톤글라스를 끼듯이 주의를 기울이면 그 능력을 잘 쓸 수 있을 텐데. 휴, 황금 손길을 갖는다는 건 뭐랄까, 그야말로 황금 같은 기회를 얻는 거잖아! 누가 나한테 인간을 돌로 만드는 능력과 황금 손길을 맞바꾸겠느냐고 묻는다면 난 냉큼 그렇게 하겠다고 할 텐데.'

메두사는 별 생각 없이 디오니소스의 편지를 뒤집었다. 그러다 처음에 보지 못하고 놓친 추신을 발견하고서 얼른 읽기 시작했다.

추신

혹시 문제가 생기면 나 대신 미다스 왕한테 분명히 말해 줘. 한번 이루어진 소원은 되돌릴 수 없다고 말이야. 단, 누군가 대신해서 능력을 넘겨받겠다고 나서면 상황이 바뀔 수도 있어. 물론 그것도 두 사람이 24시간 안에 손가락을 마주 대고서 능력을 넘겨주고 넘겨받아야 효과가 있어.

"신이시여! 소원을 되돌릴 방법을 찾았어요! 여기 있어요."

메두사가 편지를 흔들자, 미다스 왕이 서둘러 다가왔다. 메두사는 열심히 편지를 읽고 있는 미다스 왕에게 물었다.

"정말로 진짜로 황금 손길을 없애고 싶으세요? 왜냐하면……."

미다스 왕이 메두사의 말을 자르며 단호히 대답했다.

"오, 그래. 난 진심이란다."

"그렇다면 혹시……, 저한테 넘기지 않으실래요?"

미다스 왕이 기가 막힌다는 얼굴로 외쳤다.

"그럼 이 모든 어려움이 다 너한테 가게 되잖아! 너한테 그런 희생을 요구할 수는 없단다."

'상상할 수도 없을 만큼 부유해지는 어려움을 떠안게 된다고요? 하하하!'

메두사는 눈을 빙글 굴려 보이고서 진지하게 말했다.

"그게 희생이라면 전 기꺼이 감당할 마음이 있어요."

"흠……. 네가 정 그렇다면……."

미다스 왕이 머뭇머뭇 말했다.

"디오니소스가 적어 놓은 방법이 정말 효과가 있을까?"

메두사는 어깨를 으쓱해 보였다.

"그건 해 보면 알겠죠. 일단 제게 능력을 넘기겠다고 분명히

말을 하시는 게 좋을 것 같아요. 공식화하기 위해서 말이죠."
메두사는 얼른 한마디를 덧붙였다.
"아, 모든 마법 주문은 운율이 있거든요. 그러니 그 말도 운율에 맞춰서 하는 게 좋을 것 같아요."
"알았다."
미다스 왕이 곰곰이 생각해 보더니 드디어 입을 열었다.

진실로 그대가 원한다면
이 능력을 가져가오.
진실로 그대의 인생에는
도움 되길 바란다오.

미다스 왕은 말을 마치고서 오른쪽 집게손가락을 앞으로 내밀었다. 메두사도 오른손을 내밀었다. 두 손가락 사이의 거리가 점점 가까워졌다. 손가락 끝이 닿기 직전, 메두사는 혹시 잘못 판단한 게 아닐까 하는 생각이 머리를 스쳤다.
'자칫하면 황금 손길을 받는 게 아니라 내가 황금으로 변할 수도 있잖아! 음, 황금 조각상이 되어 미다스 왕의 정원을 꾸며 주고 싶지는 않은데.'

하지만 때는 늦었다! 손을 뒤로 빼거나 다시 생각해 볼 틈은 커녕 눈 깜짝할 사이에 두 손가락이 마주 닿았다. 디오니소스가 미다스 왕과 손가락을 마주 대었을 때 나타났던 은은한 빛이 이번에도 나타났다.

메두사는 어깨를 옹크린 채 이제부터 일어날 일을 기다렸다. 메두사는 예전에 아테나의 꾐에 빠져 거울을 보았다가 거울에 반사된 자신의 눈길에 대리석상이 된 적이 있었다.(다행히 아테나가 무효 주문을 찾아낸 덕분에 다시 되살아났다) 그래서 몸이 차가워지면서 뻣뻣하게 굳는 느낌이 어떤지 잘 알고 있었다.

메두사는 팔다리가 제대로 움직이는지 확인해 보려고 이리저리 털고 흔들어 보았다. 다행히 지난번처럼 불편한 느낌은 들지 않았다.

미다스 왕은 눈을 휘둥그레 뜬 채 어쩔 줄 몰라 했다.

"왜 그러니?"

메두사는 자기 모습이 꽤나 이상해 보일 것을 깨닫고서 몸을 쭉 폈다.

"아, 아무 것도 아니에요."

미다스 왕은 그제야 인상을 펴더니 갑자기 가까운 올리브 나무로 달려갔다. 나무에 손을 대어도 황금으로 변하지 않는다는 걸 확인하자 미다스 왕의 얼굴이 확 밝아졌다.

"이번에는 네가 뭔가를 만져 보렴."

미다스 왕이 눈을 반짝반짝 빛내며 말했다.

마침 민들레 홀씨가 메두사의 눈앞을 날아갔다.

"좋아요. 해 볼게요."

메두사는 손을 뻗어서 하얀 솜털을 톡 건드렸다.

지이잉!

곧바로 씨앗이 금으로 변하더니 무게 때문에 땅에 툭 하고 떨어졌다. 동시에 마치 색깔의 파도가 몰아치기라도 한듯 장미 정원 전체가 원래 색을 되찾고, 감미로운 장미향이 대기를 가득 채웠다.

"능력이 네게 넘어갔을 뿐 아니라 내가 벌인 실수도 되돌리게 되었구나! 아, 고맙다. 정말 고마워!"

미다스 왕은 기쁨에 겨워 발을 동동 구르며 춤까지 췄다. 그러고는 이 덤불 저 덤불을 돌아다니며 아끼는 장미 꽃잎을 만지고, 얼굴을 갖다 대며 향기를 음미했다.

이윽고 미다스 왕은 오두막으로 달려갔다. 메두사가 따라가 보니 미다스 왕이 집 안을 돌아다니며 모든 가재도구가 원래대로 돌아온 걸 확인하고서 기뻐하고 있다.

그때 바깥에서 뭔가 펄럭펄럭하는 소리가 들렸다. 메두사가 밖으로 나가서 손차양을 한 채 하늘을 올려다보니 제우스가 페가수스를 타고서 땅으로 내려오고 있었다. 메두사는 방으로 가서 가방을 집으려다가 멈칫했다.

'조심조심! 오른손이 아니라 왼손을 써야 해!'

메두사는 미다스 왕에게 얼른 감사 인사와 작별 인사를 전하고 밖으로 나갔다. 성격 급한 제우스가 당장 떠나려 할 게 분명했다. 게다가 혹시라도 미다스 왕이 제우스한테 황금 손길에 대해서 말을 꺼내기라도 하면 큰일이었다.

'교장 선생님이 이 일을 반기실 리가 없어. 게다가 교장 선생님 기분이 언짢아지면 천둥 번개가 일어난단 말이야! 얼마나 무서운데! 시끄럽고 위험한 건 두말할 것도 없고.'

제우스가 페가수스를 전차에 매는 동안 메두사는 디오니소스의 소식을 전했다. 제우스는 대수로운 일이 아니라 여기는지 별말 없이 메두사의 가방을 전차에 싣고서, 메두사를 태워 주기 위해 손을 내밀었다. 메두사는 얼른 오른손을 키톤 호주머니에 넣고서 왼손을 뻗었다.

'교장 선생님을 황금으로 만들면 큰일이잖아. 그게 가능한지는 모르겠지만.'

그런데 메두사가 호주머니에 손을 넣자마자 키톤이 금으로 변하기 시작했다. 그나마 다행인 건 키톤이 딱딱한 황금덩어리로 굳지 않고, 금실로 짠 듯 메두사의 움직임에 따라 살랑거리는 소재로 변했다는 것이다. 그 덕에 메두사는 키톤을 입은 채로 의자에 편히 앉을 수 있었다. 제우스는 페가수스의 고삐를 잡느라 돌아서 있었기 때문에 메두사 키톤의 변화를 알아차리지 못했다.

'흠. 이번에 얻은 능력은 꽤나 까다로운데? 아주 조심해야겠어.'

이윽고 페가수스가 황금 날개를 활짝 펼치더니 전차를 끌고 하늘로 날아올랐다.

메두사는 호주머니에서 손을 꺼내어 마법의 힘을 지닌 손가락을 빤히 들여다보았다. 가슴이 두근두근 뛰기 시작했다.

'이건 꿈이 아니라 현실이야. 난 이제 부자가 될 거야. 어마어마한 부자 말이야. 더 이상 요만한 거 가지고 언니들한테 손 벌릴 일도 없어. 일단 이 황금 키톤만 팔아도 1년은 너끈히 지낼 수 있을걸? 이제 만화 경진 대회 응모비도 마련된 셈이야.'

메두사는 웃음이 절로 났다.

'물론 이 능력 때문에 곤란한 일도 생기셌시. 하시만 내가 삼

당하지 못할 게 뭐 있겠어? 설사 어려움을 겪게 된다 하더라도 황금 손길은 가질만한 가치가 있는걸!'

6 만지지 마!

올림포스 학교로 돌아가는 길에 제우스는 메두사의(실은 자신의) 기분을 북돋고자 노래를 고래고래 불렀다. 전날 밤 아이자노이 신전 행사에서 사람들이 제우스에게 바친 노래들이었다. 그중에서도 특별히 마음에 들었는지 6번이나 부른 곡은 다음과 같은 내용을 담고 있었다.

제우스 님은 신들 중에서도 가장 강력하시니
전투에서 그 용맹함이 빛나리.
놀라운 천재이자 위대한 교장이기도 하시니
올림포스 신들을 구원하시리.

우리 모두 제우스 님의 번개 앞에 떨며 절하리니
경거망동함이 없으리.

"나를 정말 잘 드러낸 노래랄까?"

제우스는 그 노래를 마칠 때마다 이 말을 했다. 그리고 매번 메두사는 열심히 고개를 끄덕였다.

한 시간 정도 지난 뒤 전차가 올림포스 학교 안뜰에 내려섰다. 메두사는 제우스가 도와주려 손을 내밀기 전에 냉큼 왼손으로 가방을 집어 들고서 전차에서 폴짝 뛰어내렸다. 그러고서 페가수스의 마구를 풀고 있는 제우스에게 소리쳐 인사했다.

"교장 선생님, 태워 주셔서 고맙습니다."

제우스는 이제부터 적어도 한 시간 이상 아끼는 천마를 빗질하고, 먹이고, 돌본 다음 학교로 돌아갈 터였다. 그 사실을 알고 있는 메두사는 얼른 손을 흔들어 인사하고서 냅다 화강암 계단을 올라가 학교 건물 안으로 달아났다.

여학생 기숙사로 가는 대리석 계단을 올라가는 동안 몇몇 학생들이 메두사의 황금 키톤을 의아한 눈으로 쳐다보며 지나갔다. 두 언니와 마주치지 않은 게 그나마 다행이었다. 스테노와 에우리알레라면 어디서 이런 옷이 났냐며 꼬치꼬치 캐물을 게 분명했다. 오늘따라 운이 따르는지 복도에 파마와 판도라의 모습도 보이지 않았다. 친한 친구들이지만, 그 둘도 호기심과 궁금증이 많기는 매한가지였다.

'흠, 황금 손길에 대한 소식을 누군가한테 알린다면 언제 어떤 식으로 알릴지, 아니 누군가한테 알릴지 말지부터 진지하게 생각해 봐야겠어.'

메두사는 안전하게 기숙사 방문 앞에 도착해서야 들고 있던 가방을 바닥에 내려놓았다. 그래야 왼손으로 문을 열 수 있으니까. 메두사는 오른손잡이라서 왼손으로 열쇠를 돌리려니 영 어색했다. 그래도 결국 문을 열기는 열었다. 방에 들어가자마자 메두사는 가방을 침대 위에 집어 던지고서 방문을 단단히 잠갔다.

'아, 빨리 새로 얻은 능력을 써 봐야지. 어떤 것에 손을 대어 볼까?'

메두사는 방 안을 휘휘 둘러보았다. 책상 위에 초록색 잉크가 담긴 초록색 깃털 펜과 거의 다 쓴 초록색 매니큐어가 보였다. 찌그러진 모양에 뚜껑도 제대로 닫히지 않는 작은 단지도 있었다. 4학년 때 공예학 시간에 만든 작품이었다.

'아하, 저걸로 시험해 보면 되겠구나!'

메두사는 난시에 오른손을 갓나 냈다. 메두사가 손을 빼는 순간, 항아리가 곧바로 황금으로 변했다.

'모양은 찌그러졌지만 그래도 황금이 되고 나니 그렇게 보기 싫진 않네.'

메두사는 단지 뚜껑을 열고 안을 들여다보았다. 텅 비어 있으리란 예상과 달리 엄지손가락 크기의 물건 하나가 보였다. 구리로 만든, 해파리 모양의 싸구려 옷핀인데, 메두사는 그걸 거기 넣어 두었다는 사실조차 기억나지 않았다.

"흠, 그나저나 내가 손을 댔을 때 넌 왜 황금으로 변하지 않았니?"

메두사가 머리핀에게 말했다. 물론 대답을 기대하고 물어본 건 아니었다. 미다스 왕의 경우에는 장미 한 송이 건드린 것만으로 장미 정원 전체가 황금으로 변하지 않았던가?

"황금 손길이 효과를 발휘하는 데도 어떤 법칙이 있나 보네."

메두사는 가능한 빨리 해답을 얻고 싶었다. 아마 디오니소스는 이 '황금' 법칙에 대해 분명 뭔가 알고 있을 터였다.

'그런데 그걸 물어보려면 내가 무슨 일을 벌였는지 먼저 밝혀야 하잖아. 미다스 왕한테도 이 능력을 줄 때 계속 주저했는데 내가 그 능력을 건네받았다는 소식을 들으면 디오니소스는 과연 어떻게 나올까?'

메두사는 황금 단지 안으로 손을 넣어 엄지와 검지로 해파리 핀을 집었다. 순식간에 갈색 구리가 반짝이는 황금으로 변했다.

'앗싸!'

메두사는 해파리 핀을 보며 추억에 잠겼다.

'유치원 때 쥐꼬리만한 용돈으로 이 핀을 샀었지. 그것도 싸구려 장신구만 파는 1오볼 마트에서 샀을 거야. 짠, 이제는 어마어마한 고가품이 되었네!'

메두사는 핀과 단지를 책상 위에 올려놓고서 깃털 펜을 집어 들었다. 살랑살랑하던 깃털이 황금으로 샤악 변하면서 빳빳해졌다. 메두사는 검지로 종이를 건드리지 않으려고 조심하면서 황금 펜을 잡고서 글씨를 써 보았다. 안에 들어있던 잉크도 황금으로 변했는지 글씨가 써지지 않았다.

마지막으로 메두사는 매니큐어 병을 건드려 보았다. 병과 안에 들어있던 액체가 한꺼번에 반짝이는 금으로 변했다.

'자, 이 네 가지만 팔아도 돈을 두둑이 벌 수 있을 거야. 이걸 팔기에 제격인 가게가 불멸 쇼핑센터에 있지. 속임수 잘 쓰는 주인아저씨가 나한테 신세 진 적이 있는 데다, 욕심도 많아서 이걸 보면 반드시 사려 들 거야.'

메두사는 여행 가방을 풀기 전에 왼손으로 옷장을 열고서 안을 열심히 뒤졌다.

'찾았다!'

메두사는 펠트 장갑을 찾아 오른손에 꼈다. 장갑이 바로 금으로 변했지만 키톤이 그랬던 것처럼 손을 움직일 수 있을 정도로 부드럽고 탄력이 있었다.

메두사는 시험 삼아 옷장 안에 걸려 있는 빈 옷걸이에 장갑을 낀 손을 대어 보았다.

'성공!'

옷걸이가 황금으로 변하지 않았다. 그렇다면 이보다 훨씬 더 효과적인 방법을 찾아낼 때까지 실수를 막을 대비책으로 장갑을 끼고 다니면 될 듯했다.

메두사는 씩 웃음이 났다.

'그렇다면 이 장갑도 일종의 스톤글라스네. 장갑은 아무거나 황금으로 바뀌지 않게 막아 주고, 스톤글라스는 인간이 돌로 변하는 걸 막아주니까. 그렇다면 황금 손길을 통제하는 건 식

은 죽 먹기겠어!'

메두사는 콧노래를 흥얼거리며 황금 키톤을 벗어서 옷장에 걸었다. 그러고는 유행이 너무 지나지 않았거나, 아직 입을만한 키톤을 찾아 옷장을 뒤졌다. 메두사의 옷은 다른 모든 물건들처럼 초록색이었고, 언니들이 물려준 것들이었다.

메두사는 가지고 있는 옷 중에서 가장 덜 허름한 연녹색 뜨개 키톤을 골라 입었다. 그나마도 단이 헤어져서 실이 풀어지고 있었다.

"이 정도면 될 거야."

메두사가 뱀들에게 말했다.

"불멸 쇼핑센터에 가서 금을 판 돈을 두둑이 챙겨야지. 그런 다음 나도 새 키톤을 마음껏 사서 옷장이 미어지도록 채워 넣을 거야. 물론 너희를 위한 특별 선물도 살 거고. 무엇보다 만화 경진 대회 응모비 15드라크마부터 내야겠지!"

한껏 들뜬 메두사는 전날 골라 둔 만화 9장과 미다스 왕의 오두막에서 그린 새 만화를 잘 모아서 커다란 초록색 학교 가방에 넣었다. 불멸 쇼핑센터에 가져가서 중앙 정원에 설치되어 있는 응모함에 넣을 작정이었다. 이어 메두사는 황금이 된 단지, 깃털 펜, 매니큐어를 챙겼다. 저음에는 해파리 옷핀도 가져갈 생각이었지만 그건 그냥 간직하기로 마음먹었다.

메두사는 키톤에 해파리 핀을 꽂은 다음(장갑 낀 손으로 하기에 쉬운 일은 아니었다!) 선반에서 사료 주머니를 꺼내어 뱀들에게 말린 완두콩과 당근을 한 줌 던져 주었다.

꿀꺽, 꿀꺽, 꿀꺽!

'어? 먹는 속도를 보니 녀석들 꽤나 배고팠나 보네? 하긴 그럴 만도 해. 나도 엄청 배고픈걸. 아침을 못 먹었잖아!'

메두사는 불멸 쇼핑센터에서 요기를 하기로 하고 가방을 들고서 밖으로 나갔다. 복도를 지나는 동안 메두사의 머릿속에는 어떻게 하면 불멸 쇼핑센터에 빨리 갈 수 있을까 하는 생각뿐이었다. 불멸 쇼핑센터는 올림포스 산과 인간 세상의 중간에 위치해 있기 때문에 걸어서 가려면 몇 시간은 꼬박 걸렸다.

'휴, 고생길이 열렸네.'

날개 샌들을 신으면 10배는 빨리 갈 수 있을 테지만, 메두사는 불멸의 존재가 아니라서 날개 샌들이 가진 마법의 힘을 불러낼 수가 없었다. 그러려면 소년 신이나 소녀 신의 손을 잡아야만 했다. 그런데 누군가에게 같이 가 달라고 부탁하자니 아무래도 메두사가 왜 황금 장갑을 끼고 있는지 궁금해할 것 같았다.

'한동안 황금 손길을 감추려면 그럴싸한 핑곗거리를 빨리 찾

아야겠어.'

메두사가 복도 끝에 있는 여학생 기숙사 출입문에 도착했을 때 누군가 뒤에서 소리쳤다.

"어, 메두사, 기다려! 같이 가자!"

메두사는 속으로 끙 신음을 뱉었다.

'앗, 파마잖아! 망했다!'

주황색 삐침 머리를 한 파마의 머리 위에는 늘 그렇듯이 구름 글자가 둥둥 떠 있었다. 파마는 소문의 여신이라서 입에서 나오는 말이 모두 구름이 되어 퐁퐁 하늘로 솟아올랐다. 그래야 소식을 널리, 멀리까지 전할 수 있으니까 말이다. 일단 파마가 메두사의 황금 손길에 대해 알게 되면 학교에 소문이 퍼지는 건 시간 문제였다.

메두사가 문 앞에서 망설이고 있는 사이 파마가 가까이 다가왔다. 파마는 곧장 메두사의 황금 장갑을 알아보았다.

"무슨 일이야? 너 혹시 아테나의 일기장을 훔쳐본 거니?"

"엉? 그게 무슨 소리야?"

파마는 당황하며 자기 입에 손을 갖다 댔다. 마치 비밀을 불쑥 털어놓기라도 한 태도였다. 구름 글자가 머리 위로 솟아오르려 하자 파마는 잰른 손을 휘저어 구름을 날려 버렸다.

"아, 아무 것도 아니야."

파마는 일부러 더 태연한 척했다.

"그런 얘기를 들은 적이 있거든. 아테나가 일기장에 주술을 걸어 놓아서 누구든 몰래 읽으려 하면 그 자의 손이 빨갛게 변한대. 딱 걸리는 거지! 나도 '들은' 것뿐이야."

메두사는 파마를 빤히 쳐다보며 대답했다.

"아, 그래? 그렇구나."

메두사는 파마가 일기장의 마법에 대해 몸소 체험을 통해 알게 되었으리라고 확신했다.

'흥미로운 사건이네. 똑똑이 아테나가 일기장을 아무 곳에나 두지는 않았을 거야. 그렇다면 파마가 아테나 방에 몰래 들어가 봤다는 얘기잖아. 휴, 난 방문을 잠그고 다녀서 다행이야.'

올림포스 학교 여학생들은 대부분 기숙사 방문을 잠그고 다니지 않았지만 메두사는 예외였다.

메두사는 파마가 '빨간 손 주술'을 어떻게 풀었는지 궁금한 마음에 파마의 손을 슬쩍 쳐다보았다. 메두사의 눈길을 느낀 파마가 얼른 호주머니에 손을 쑤셔 넣었다.

"난 식당에 점심 먹으러 가던 길이야."

둘이 함께 기숙사 문을 나서서 대리석 계단을 내려가는 동안 파마가 열심히 떠들었다.

"너도 같이 먹을래? 너 디오니소스랑 교장 선생님이랑 같이 여행 다녀왔잖아. 그 얘기 좀 들려줘. 좋은 기사거리가 될 거 같아."

파마는 〈십대들의 두루마리 잡지〉의 '이 주의 소문'이란 기고란을 연재하고 있었다.

"나한테 더 좋은 생각이 있어."

메두사의 머리가 핑핑 돌아가기 시작했다.

"지금 뭘 좀 사려고 불멸 쇼핑센터에 가는 길이거든. 나랑 같이 가 주면 내가 점심을 살게."

파마는 불멸의 존재인 데다 심지어 등에 날개도 달려 있었다. 그래서 파마가 함께 가 주면 메두사는 날개 샌들을 신을 필요도 없었다.

"정말?"

파마의 갈색 눈동자가 반짝 빛나고 등에 달린 작은 오렌지색 날개가 팔락였다.

"나야 같이 가면 좋지."

"음, 그럼 난……, 날개 샌들을 신을까?"

메두사가 학교 현관문 쪽으로 가며 머뭇머뭇 물었다. 메두사는 출입문 바로 옆에 놓여 있는 공용 샌들 바구니를 심숫 쳐나

보았다. 제우스가 용기 있는 행동에 대한 상으로 파마에게 날개를 선물한 게 얼마 전 일이라 메두사는 아직 파마와 함께 날아 본 적이 없었다.

파마가 고개를 가로저었다.

"내 날개로 둘은 너끈히 날 수 있어. 그래도 내 손을 잡긴 해야 해."

파마는 다시 호기심 가득한 눈으로 메두사의 장갑 낀 손을 바라보았다.

"음……. 피부에……, 문제가 생겨서 말이야."

메두사는 얼른 핑계를 댔다. 그런데 파마가 질겁하는 표정을 짓는 바람에 한마디를 덧붙여야 했다.

"걱정 마. 옮거나 그런 거 아냐."

"아, 전혀 걱정 안 해."

말은 그렇게 해도 파마의 목소리에 안도감이 묻어났다. 메두사는 파마가 거짓말했다는 걸 알아차렸다.

현관 밖으로 나가자 메두사는 일부러 장갑 끼지 않은 손을 파마에게 내밀었다. 둘은 땅을 박차고 하늘로 날아올랐고 얼마 지나지 않아 불멸 쇼핑센터에 도착했다.

7
흥청망청

　불멸 쇼핑센터는 아름다운 수정 지붕이 달린 거대한 건물로, 줄줄이 서 있는 기둥 사이에 가게들이 끝없이 늘어서 있었다. 메두사는 초록색 학교 가방을 꼭 쥔 채 파마와 함께 센터 안을 걸었다. 이곳에서는 원하는 것이 무엇이든 대부분 구할 수 있었다. 최신 유행 스타일의 초록색 옷만 파는 '녹색 풍경'이나, 창이나 방패 또는 운동 기구를 팔아서 (지극히 당연히) 남학생들에게 인기가 높은 '아세다스' 같은 가게가 대표적이었다.
　메두사와 파마는 '아라크네의 바느질 가게' 앞에 멈춰 섰다. 알록달록한 실, 리본, 천을 엮어 만든 장식이 예뻐서 도저히 구경하지 않고 넘어갈 수가 없다. 이어 둘은 '글레오의 화장품 가게'와 '데메테르의 데이지, 수선화, 그리고 꽃이 주는 기쁨'이란 가게를 지나갔다. 데메테르는 바로 페르세포네의 엄마로, 페르세포네는 엄마를 닮아 식물을 잘 키웠다.

"쇼핑하기 전에 '헝그리 헝그리 하피 카페'에서 점심부터 먹을까?"

파마가 조금 떨어져 있는 식당을 가리키며 물었다.

메두사는 불멸 쇼핑센터에서 외식을 해 본 적이 없었다. 그만한 돈을 가져 본 적이 없으니까. 적어도 지금까지는 그랬다.

"그래. 그러자."

점심 먹고 나서 금을 거래하고 만화 경진 대회에 응모해도 시간은 충분했다. 게다가 메두사도 배가 고파 죽을 지경이었다.

"앗싸! 소문에 따르면 저 식당 주인인 하피들은 손님 음식을 훔치려 하면서 손님들의 재치를 시험한대."

"헐, 그건 좀 이상하잖아."

메두사는 인상을 찌푸렸다. 그러나 파마는 이미 그쪽으로 걸음을 떼고 있었다. '뱃놀이'라는 반려동물용품점 앞을 지날 때 파마가 물었다.

"메두사, 너 이 가게 들어가 본 적 있니? 여기 정말 근사해!"

메두사는 가게의 파란 문을 흘깃 쳐다보았다.

"딱 한 번. 그런데 저곳에는 새와 물고기 관련 상품만 팔아. 뱀 관련 상품은 없더라고."

그래도 멋진 곳이었다. 문을 열고 들어서면 호수가 있고 그 안에 배가 떠 있었으니까! 입구에서 배까지 건널 판자로 연결되어 있었는데 그 배가 바로 가게였다. 호수 안에는 진짜 물고기가 살고, 가게 지붕으로 새들이 자유로이 드나들었다.

이윽고 '헝그리 헝그리 하피 카페'가 보였다. 그 카페 직전이 바로 메두사가 곤경을 당할 뻔했던 선물 가게였다. 순진한 뱀들이 제우스의 결혼 선물을 마련하려 들치기를 하려는 걸 그 가게의 수다쟁이 용수철 인형이 경비원에게 알리는 통에 메두사는 된통 고생을 겪어야 했다.

파마가 카페 쪽을 쳐다보는 사이, 선물 가게 앞을 지나던 메두사가 가게 안의 용수철 인형을 매섭게 노려보았다. 메두사의 뱀들도 사납게 쉿쉿거렸다. 진열장 가까이에 있던 용수철 인형이 깜짝 놀라 눈을 휘둥그레 떴다.

'흥, 실컷 겁먹어 봐! 그때 너희가 경비원을 불렀지? 언니들이 곤경에 처한 날 구해 주면서 대가를 요구한 탓에 지금 난 언니들 방을 수천만 번이나 청소해 줘야 하는 신세가 되었단 말이야. 바로 너희 때문에!'

잠시 뒤 카페 앞에 도착하자 메두사와 파마는 H 모양의 문고리가 달린 문을 열고 안으로 들어섰다. 카페 안의 벽과 천장은 모두 골동품 바이올린, 녹슨 농기구, 종이부채, 반짝이는 모조 보석 같은 중고 물품으로 장식되어 있었다.

파마가 메두사의 옆구리를 쿡 찌르며 말했다.

"설마 이것들 전부 훔친 물건일까?"

파마의 말이 구름 글자가 되어 위로 퐁퐁 솟아올랐다.

메두사는 본능적으로 가방을 가슴에 꼭 끌어안았다.

'이런, 하피가 소매치기와 도둑으로 악명 높다는 사실을 깜박 잊었어. 기억했더라면 절대 여기 오지 않았을 거야. 하피들이 내 가방에 황금이 가득하다는 걸 알면 훔치려 할지 몰라.'

메두사는 얼른 손을 휘저어 구름 글자를 날려 버렸다.

"쉿! 파마, 말조심해. 괜히 하피의 관심을 끌지 마."

그때 하피 한 명이 파마와 메두사 쪽으로 다가왔다. 이 하피들은 올림포스 학교 학생인 이리스의 언니들이었지만 생김새는 완전히 달랐다. 이리스는 섬세하고 작은 날개를 가진 데 반해 하피 언니들의 날개는 훨씬 크고 강했다.

"어서 오세요."

종업원 역할을 맡고 있는 하피가 날개를 펄럭이며 말했다.

"카운터 쪽 자리에 앉으렴. 지금 막 점심 영업을 시작했단다. 점심 특선 메뉴 2인분으로 가져다주면 되겠니?"

파마와 메두사는 불안한 눈빛을 주고받았다. 둘 다 이곳에서 식사를 해 본 적 없어서 음식 맛이 어떤지 전혀 알지 못했다.

"네."

메두사가 대표로 대답했다. 부디 맛있기를 기대하는 수밖에 없었다. 메두사와 파마는 카운터 앞의 낡은 가죽 여행 가방으로 만든 의자에 앉았다. 그러고는 메두사는 만약을 대비해서 가방을 무릎 위에 올려놓았다.

불멸 쇼핑센터에 도착하자마자 스톤글라스를 꼈기 때문에 메두사는 마음 놓고 사방을 둘러볼 수 있었다. 조금 떨어진 자리에 머리가 희끗희끗한 노인 한 사람이 앉아 있었다. 노인이 커피 잔을 향해 손을 뻗자 어디선가 불쑥 두 번째 하피가 나타나더니 노인을 향해 휙 날아왔다. 그러더니 반쯤 먹은 샌드위치와 감자튀김이 담긴 접시를 휙 낚아채는 게 아닌가?

"그거 이리 내!"

노인이 후다닥 달아나는 하피에게 소리를 질렀다.

"아직 다 먹지 않았단 말이야!"

"이런, 피네아스 할아버지!"

세 번째 하피가 콧소리를 내며 알랑방귀를 꼈다.

"우리 가게 서비스가 마음에 드니까 또 오시는 거 아니에요?"

노인이 뭐라고 투덜거렸는데 아무래도 "망할 도둑들 같으니라고!"라고 하는 것 같았다. 노인은 커피 잔마저 채어 갈까 봐 염려스러운 듯 옹이진 두 손으로 잔을 꽉 감쌌다.

"접시 뺏기지 않게 조심해."

메두사가 파마에게 속삭였다. 하지만 파마는 다른 곳에 정신이 팔려서 메두사의 말을 주의 깊게 듣지 않았다. 이윽고 둘을 맞이했던 하피가 파란색 접시 두 개를 들고 나타났다. '헝그리 헝그리 하피 카페'의 점심 특선 메뉴는 맛있어 보이는 생선 요리와 감자튀김, 샐러드로 이루어져 있었다.

잠시 후 카페 출입문 위에 달린 종이 딸랑거렸다. 모든 일에 관심이 많은 파마가 어떤 손님이 왔는지 궁금해서 재깍 고개를 돌렸다. 가까운 곳에서 서성대던 하피가 곧장 파마의 접시에 있던 감자튀김을 슬쩍했다.

"이봐요!"

메두사는 하피를 막으려고 팔을 확 잡았다. 그런데 오른손잡이이다 보니 장갑을 낀 손이 움직였다. 정작 파마는 사태를 전혀 알아차리지 못한 채 혹시 카페에 인터뷰를 할 만한 유명 인사가 왔나 해서 살펴보느라 정신이 없었다.

"오, 장갑이 참 예쁜데?"

하피의 눈이 욕심으로 번들거렸다.

"진짜 금으로 만든 거니?"

"내가 황금 장갑을 살만한 처지로 보여요?"

하피가 메두사의 낡은 키톤을 훑어보는 사이, 메두사는 가능한 말을 아끼고 왼손으로 가방을 더욱 꽉 움켜쥐며 말했다.

"저기 손님이 부르는 것 같은데요?"

하피가 낄낄 하고 불길한 웃음을 날리며 자리를 떴다. 파마는 방금 벌어진 일은 전혀 알지 못한 채 음식으로 다시 주의를 돌렸다. 새로 들어온 손님이 유명 인사가 아닌 모양이었다.

"파마, 서두르자."

메두사가 말했다.

"난 오늘 여기서 살 것도 많고 볼일도 많아."

볼일에는 물론 만화 경진 대회 응모가 포함되어 있었다. 해가 지기 전에 반드시 응모함에 작품과 응모비를 제출해야 했다.

메두사가 서두르는 데는 또 다른 이유가 있었다.

'아무래도 저 하피들이 어떻게든 장갑을 벗겨서 훔쳐 갈 것 같단 말이야! 봐, 지금도 날 쳐다보면서 쑥덕이고 있잖아. 장갑을 도둑맞으면 황금 손길이 드러나게 될 텐데, 그 상태에서 실수로 뭘 만지기라도 하면 재난이라고! 가능한한 이곳을 빨리 뜨는 게 낫겠어.'

다행히 카페 안에 손님이 많아지면서 메두사와 파마는 더 이상 하피의 간섭을 받지 않고 식사를 마칠 수 있었다. 하피 세 자매가 주문을 받고 동시에 다른 손님들 음식을 슬쩍하느라 정신없이 바빴기 때문이었다.

메두사는 남은 용돈을 탈탈 털어서 파마와 자기 점심값을 냈다. 이제 금을 팔 때까지 메두사는 빈털터리 신세였다! 장갑과 가방을 도둑맞지 않고 무사히 카페 문을 나서자 메두사는 안도의 한숨이 절로 나왔다.

"난 클레오의 화장품 가게부터 들러야 해."

파마가 카페에서 나오자마자 말했다.

"주황색 립글로스를 새로 사야 하거든."

색깔이 짙든 연하든 파마는 주황색이면 뭐든 좋아했다.

'앗싸, 잘됐어!'

메두사는 속으로 쾌재를 불렀다. 그렇지 않아도 일처리를 비밀스럽게 하려다 보니 파마를 잠시 떼어 놓을 기회가 필요했다.

"그럼. 어서 가 봐."

메두사는 흔쾌히 대답했다.

"난 여기저기 구경 좀 할게. 이따가 클레오 언니네 가게 앞에서 다시 만나자."

딱히 거짓말은 아니었다. 일단 돈만 손에 들어오면 지쳐 쓰러질 때까지 쇼핑할 작정이니까 말이다!

파마와 헤어지자마자 메두사는 도로스 씨가 운영하는 '영웅 만들기!'라는 가게로 달려갔다. 그곳에서는 인간 영웅의 서명이 든 포스터나 사진이 담긴 머그잔 같은 물건을 팔았다.

'이 아저씨랑 다시는 마주치지 않겠다고 맹세했는데······.'

비열한 도로스 씨는 예전에 메두사를 교묘하게 꾀어 자기 가게에서 파는 방패에 무시무시해 보이는 메두사의 머리를 그림으로 넣어 사용한 적이 있었다. 그런데 그때와 달리 지금은 메두사가 도로스 씨를 필요로 하는 처지가 되었다.

계산대 뒤에 서 있던 키 작고 뚱뚱한 도로스 씨는 메두사가 다가오자 얼굴이 하얗게 질렸다.

"안녕하세요."

텅!

메두사는 가방을 계산대 위에 올려놓았다. 그러자 도로스 씨는 불안한지 검은 머리칼을 쓸어 넘기며 메두사 뒤쪽을 힐끔힐끔 쳐다보았다.

"그……, 네 소년 신 남자 친구는 같이 오지 않은 거지, 그치?"

도로스 씨가 조마조마해 하면서 물었다. 도로스 씨는 지난번에 만났을 때와 같은 옷을 입고 있었다. 노란색과 까만색이 섞인 촌스러운 격자무늬 튜닉이었다.

'아, 어쩌면 그때 그 옷이 아닐 수도 있겠다. 옷장 안에 똑같은 옷만 한가득 걸려 있을지도 몰라!'

메두사는 도로스 씨가 디오니소스 이야기를 꺼내자 웃음이 났다. 그 당시 도로스 씨에게 속은 사연을 전하자 디오니소스는 도로스 씨를 우편 자루 안에 담아서 올림포스 학교로 데리고 왔었다. 그 덕에 메두사는 도로스 씨와 얼굴을 마주하고 잘잘못을 따질 수 있었다.

"지금은 아니에요."

도로스씨에게 지금 디오니소스가 쇼핑센터 어딘가에 있다고 착각하게 두는 것도 나쁘지 않을 듯했다.

메두사는 가방을 열고서 황금 단지, 황금 깃털 펜, 황금 매니큐어를 차례로 계산대 위에 올려놓았다. 금붙이를 보자 도로스 씨의 눈이 황금처럼, 아니 그보다 더 번쩍번쩍 빛났다. 도로스 씨는 구미가 돋는지 북슬북슬한 콧수염을 움찔움찔하며 메두사에게 물었다.

"아니, 네가 어떻게 이런 고가품을 손에 넣은 거냐?"

"혹시 훔친 물건인가 의심하는 거라면 아니거든요. 어디서 났는지는 신경 쓰지 말고 얼마 줄 건지만 말하세요."

도로스 씨는 세 황금 덩이를 손바닥 위에 올려놓고서 무게를 재며 이리저리 살폈다. 그러더니 진짜 금인지 알아보려는듯 펜을 깨물어 보았다.

마침내 도로스 씨가 입을 열었다.

"15드라크마."

너무 터무니없이 낮은 금액이었다. 값을 부른 도로스 씨는 물론이요, 메두사도 그 정도는 알고 있었다.

"하!"

메두사가 콧방귀를 뀌며 말했다.

"끝에 0 하나는 더 붙여야죠. 150드라크마로 해요."

메두사는 살짝 불안했다.

'너무 많이 불렀나?'

그래도 메두사는 지난번보다는 나은 거래를 하기로 단단히 마음을 먹었다.

"20드라크마 주마."

도로스 씨가 흥정을 시작했다.

"백, 이십이요."

메두사가 싸늘하게 쏘아붙였다. 그러나 도로스 씨도 만만치 않았다.

"35드라크마까지 쳐 주마. 그 이상은 동전 한 닢도 더 줄 수 없어."

메두사는 도로스 씨를 매섭게 노려보았다.

"이럴 시간 없거든요? 곧 내 친구랑 만나기로 했다고요. 이제 마지막이에요. 줄 수 있는 최고가를 제시해 보세요."

거짓말은 아니었다. 화장품 가게에서 파마를 만나기로 했으니까. 물론 메두사는 도로스 씨가 디오니소스를 가리키는 줄로 착각하기를 바랐다.

도로스 씨가 긴장한 듯 격자무늬 튜닉의 목을 쭉쭉 잡아당기며 말했다.

"거 참, 일을 어렵게 하는구나. 좋아. 100드라크마."

메두사는 머리를 굴려 보았다.

'그 정도면 괜찮은 건가? 하긴 무슨 상관이야. 나한테는 이미

충분한걸! 게다가 필요하면 언제든 황금을 만들어서 팔면 되잖아. 난 이제 부자야!'

메두사는 고개를 끄덕였다.

"좋아요."

도로스 씨가 동전을 세더니 메두사의 손바닥에 돈을 올려놓았다. 도로스 씨는 메두사가 왜 장갑을 한 짝만 끼고 있는지, 다른 금붙이와 마찬가지로 이 장갑은 또 어디서 났는지 궁금해하는 눈치였지만 아무 것도 묻지 않았다.

메두사는 100드라크마를 가방에 안전하게 넣고서 얼른 쇼핑센터 중앙 정원으로 달려갔다. 일 년 내내 꽃을 피우는 마법 철쭉이 둥글게 감싸고 있는 분수대 옆에 만화 경진 대회 응모함이 설치되어 있었다.

응모함 안내판의 지시에 따라 메두사는 옆에 비치된 봉투를 꺼내어 준비되어 있는 펜으로 이름을 쓰고, 안에 15드라크마를 넣었다. 왼손으로 글씨를 쓰려니 시간이 한참 걸렸다. 그런 다음 두루마리 만화를 묶은 끈 밑에 봉투를 잘 밀어 넣고서 응모함을 열었다. 아뿔싸! 이미 응모함이 꽉 차 있었다. 메두사는 겨우 자리를 마련해서 자신의 꾸러미를 넣을 수 있었다.

"됐다! 임무 완료!"

메두사는 스스로가 대견했다.

'이렇게 응모자가 많은 걸 보니 경쟁이 치열하겠구나. 뭐, 좋은 결과가 있기를 기대하며 하늘의 뜻에 맡기는 수밖에.'

가방에 남은 85드라크마를 생각하니 화장품 가게로 가는 메두사의 발걸음이 하늘을 나는 듯했다. 파마는 보라색 머리칼을 멋지게 손질한, 눈이 세 개인 가게 주인 클레오에게 돈을 내고 립글로스와 다른 화장품을 사고 있었다.

"파마, 난 '녹색 풍경'에 가서 새 키톤을 살 생각인데 같이 갈래? 키톤 고르는 걸 도와주면 좋겠어."

화장품 가게를 나서며 메두사가 물었다. '녹색 풍경'은 초록색 옷만 파는 특이한 가게인데, 스테노와 에우리알레는 늘 거기서 옷을 샀지만 메두사는 너무 비싸서 엄두를 낼 수 없는 곳이었다.

'지금까지는 그랬지.'

"우아! 용돈 좀 올려 받은 모양이네?"

파마가 싱글싱글 웃으며 말했다. 메두사는 글쎄라는 듯이 어깨를 들썩여 보이고서 파마 말이 맞는다는 듯 씩 웃었다. 파마는 냉큼 메두사와 팔짱을 꼈다.

"그럼, 기꺼이 도와줄게. 가 보자."

'녹색 풍경'에 도착할 즈음, 문득 파마가 통로 건너편을 가리켰다.

"메두사, 저길 봐. 헤르메스 님이야."

긴 튜닉을 입고, 날개 샌들을 신고, 날개 달린 모자를 쓴 헤르메스가 두 팔 가득 택배 상자를 들고서 작은 가게를 나서고 있었다. 그 가게는 바로 불멸 쇼핑센터에 새로 생긴 '헤르메스 택배 접수소'였다. 그곳에 가면 각종 배송 봉투나 상자를 살 수도 있고, 쇼핑센터에서 구입한 물건을 택배로 보낼 수도 있었다.

메두사가 말했다.

"이제 배달하러 전차로 가시나 봐."

헤르메스는 커다란 은색 날개가 달린 전차에 택배 상자를 한 가득 싣고 매일 올림포스 학교를 방문했기 때문에 다들 헤르메스를 잘 알고 있었다. 헤르메스는 택배 전차에 누군가를 태우는 걸 꺼렸지만, 메두사는 지금까지 여러 번 얻어 탄 적이 있었다.

'녹색 풍경'에 도착한 메두사는 최신 유행 스타일의 맵시 넘치는 키톤을 여러 벌 걸쳐 보았다. 키톤을 한 벌씩 갈아입고서 파마 앞에서 모델처럼 자세를 취하면 파마는 때때마다 "우아, 우아." 하며 감탄을 연발했다. 그 바람에 메두사는 어느 것이 좋은지 고르기가 힘들었다. 대신 메두사의 뱀들은 한결 나은 반응을 보였다. 메두사가 전신 거울에 모습을 비추면, 뱀들은 마음에 들지 않을 때는 쉿쉿거리고 아주 예쁘다 싶으면 신이 나서 꿈틀거렸다.

메두사는 열 벌을 입어 본 뒤에, 그중에서 다섯 벌을 골랐다. 파마는 메두사의 결정에 동의한다는 듯이 고개를 끄덕였다.

"하나같이 다 예뻐. 이 중에서 최종적으로 어느 걸 고를 거야?"

메두사가 미간을 찌푸리며 대답했다.

"나도 모르겠어."

가격표를 확인한 메두사의 얼굴에 서서히 웃음꽃이 피었다.

"다섯 벌 다 살까 봐."

메두사는 속으로 쾌재를 불렀다.

'뭐 어때? 마침 할인 중이잖아. 게다가 이제는 값이 얼마든 간에 원하는 건 뭐든지 살 수 있는 방법이 생겼는걸!'

이어 메두사는 뱀들을 위해 예쁜 초록색 리본도 골랐다. 주황색 리본이 있었다면 파마를 위해 기꺼이 사 주었을 텐데 안타깝게도 '녹색 풍경'은 초록색 상품만 팔았다.

메두사는 달콤한 행복감을 맛보며 키톤과 리본을 계산대에

들고 갔다.

'아, 나 너무 잘나가는 거 같아! 만화 경진 대회에 응모도 했고, 수상도 기대하고 있고, 돈도 잔뜩 있고, 게다가 원하면 얼마든지 돈을 마련할 방법까지 있잖아. 사람들이 돈으로 행복을 살 수 없다고 말하지만 내 생각에 그건 틀린 말이야. 지금 난 돈 덕분에 엄청나게 행복하거든!'

점원이 메두사의 구입품을 열심히 계산하는 사이, 출입문 종이 띠링 하고 울렸다. 다음 순간, 미소 짓고 있던 메두사의 얼굴이 차갑게 얼어붙었다.

'언니들이잖아!'

스테노와 에우리알레의 눈길이 곧장 메두사에게 향했다. 하필 그때 메두사는 직원에게 돈을 내밀고 있었고, 계산대 위에는 키톤과 리본이 널려 있었다.

대번에 스테노가 짜증을 버럭 내며 다가왔다.

"야, 메두사! 모르는 사이에 누가 죽어서 너한테 유산이라도 남겨 준 거야?"

에우리알레도 맞장단을 쳤다.

"그러게 말이야. 아니면 너 혹시 은행이라도 턴 거야?"

8 얻은 것과 잃은 것

"하, 하, 하!"

메두사는 언니들에게 억지웃음을 날렸다.

"은행이라도 턴 거 아니냐고? 하나도 안 웃기거든."

일단 맞받아치긴 했지만 메두사는 내심 안절부절못하고 있었다. 계산을 하는 동안에도 돈이 어디서 났는지 둘러댈 핑곗거리를 찾으려고 머리를 쥐어짰다. 언니들은 메두사가 실제로 용돈을 얼마나 적게 받는지 빠삭히 알고 있었다. 아무리 할인 중이라 해도 메두사가 용돈을 모아서 키톤을 여러 벌 살 방도는 이 세상 어디에도 없었다.

그사이 점원은 옷을 쇼핑백에 담고 있있고, 파마는 혹시 근사한 소문거리가 있나 해서 메두사와 언니들의 대화에 귀를 쫑긋 세우고 있었다.

성마른 스테노가 발로 바닥을 탁탁 치며 물었다.

"그래? 그럼 돈이 어디서 났어?"

메두사는 문득 그럴싸한 대답이 떠올랐다.

"도로스 씨한테서 받았어."

사실이지 않은가?

"그 아저씨 나한테 빚이 있잖아. 예전에 장난감 방패에 내 얼굴을 사용한 것에 대한 대가를 받았어. 그 사건 기억 안 나?"

이것도 역시 사실이었다. 도로스 씨는 그때 초상권 사용료로 100드라크마를 주겠다고 했다. 하지만 메두사는 도로스 씨가 벌인 일에 경악해서 돈을 거절했다.

'내 얼굴을 사람들 겁주는 데 썼으면서, 마법 방패라며 거짓말까지 했다고!'

메두사의 대답이 설득력이 있었는지 언니들은 조금 떨어진 자리에서 잠시 서성대고 있었다.

메두사가 직원에게 쇼핑백을 건네받는 걸 본 에우리알레가 물었다.

"장갑은 왜 꼈어?"

파마가 대신 대답했다.

"피부병이 생겼대."

파마의 입에서 솟아오른 구름 글자가 허공에 둥둥 떠다녔다. 그러자 메두사의 머리에 솟아난 뱀을 보고도 놀라지 않던 점원이 헉하며 뒤로 한 걸음 물러섰다.

"피부병이 아니라 살짝 문제가 생긴 것뿐이야."

메두사는 얼른 말을 바로잡았다.

"게다가 옮는 것도 아니고. 피부가 건조해서 각질이 일어난 정도야."

스테노가 에우리알레를 쳐다보더니 빙글빙글 웃었다.

"메두사가 이젠 탈피도 하나 봐. 머리 위의 뱀을 따라 허물을 벗나 보지?"

에우리알레는 풋 하고 웃음을 터뜨렸다.

"그래, 그런가 보다!"

뱀들이 메두사를 대신해서 언니들을 향해 쉿쉿거리며 기분 나쁘다는 표현을 했다. 하지만 메두사는 언니들이 주고받는 농담을 기꺼이 참고 있었다. 그쪽이 진실을 들키는 것보다는 나았으니까.

메두사는 짐짓 발랄한 목소리로 대답했다.

"맞아. 제대로 맞췄어!"

그러자 파마가 놀라서 눈이 휘둥그레졌다.

"메두사, 진짜야?"

파마의 반응에 스테노와 에우리알레는 배를 잡고 웃었다.

"아니야. 언니들이 농담하는 거야."

메두사는 참을성 있게 대답했다. 그러자 스테노가 콧방귀를 흥 뀌며 말했다.

"과연 농담일까?"

스테노는 에우리알레와 함께 옷을 구경하러 가게 안쪽으로 들어가며 메두사에게 한마디를 날렸다.

"이따 학교에 가서 보자!"

메두사는 속으로 안도의 한숨을 쉬었다.

'휴, 아슬아슬했어!'

30분 뒤 파마와 함께 학교로 돌아온 메두사는 얼른 파마에게 작별 인사를 하고 자기 방으로 달려갔다. 옷장에 새 키톤을 조심스럽게 걸고, 남은 돈을 책상 서랍 뒤쪽에 잘 보관한 다음, 메두사는 아르테미스의 활쏘기에 비할 만큼 즐거운 일을 하기로 마음먹었다. 바로 수영이었다!

에게 해 바닷가에서 자란 데다, 바다 괴물을 부모님으로 둔 덕에 메두사는 타고나게 수영 실력이 좋았다. 사실 걸음마보다 수영을 먼저 배웠을 정도였다. 올해 초만 해도 심술궂은 바다 님프들이 메두사의 여섯 살짜리 꼬맹이 친구를 수영장에 빠트리지만 않았어도, 그리고 그 때문에 구조하러 나서야 하지만 않았어도, 수영 대회에서 1등 할 수 있었다.

'그러면 제우스와 헤라의 결혼식 때 신부 들러리로서 포세이돈과 짝이 되어 행진을 할 기회를 얻었겠지. 하지만 지나고 보니 오히려 잘 된 일이었어.'

메두사는 수영복 위에 겉옷을 걸친 채 수건을 챙겼다.

'그날 용기를 내어 안드로메다를 구하지 않았더라면 디오니소스랑 사귀지 못했을 거야. 감히 말하건대, 디오니소스가 포세이돈 같은 애보다 훨씬 낫지.'

안뜰을 지나 체육관으로 가는 사이, 메두사는 몇몇 아이들과 마주쳤다. 하지만 아이들은 손을 흔들거나 "안녕!" 하고 인사할 뿐 더 다가오지 않았다.

'내가 지금 바라는 게 딱 저 반응이야.'

운동장에서는 학생들이 템플 게임에 대비해 창던지기를 하거나 활쏘기를 하거나 밧줄타기 같은 연습을 하고 있었다.

체육관 안에 들어서자 메두사는 석회암 계단을 한 길음에 두

칸씩 뛰다시피 내려가서 지하 수영장으로 향했다.

이 수영장은 바다를 다스리는 소년 신 포세이돈의 작품이었다. 포세이돈은 이곳 외에도 인간 세상과 올림포스 산 곳곳에 수영장과 물놀이 공원을 만들었다. 올림포스 학교에 특별 행사가 있을 때는 마법을 써서 수영장의 모양을 바꾸기도 했다. 제우스와 헤라의 결혼식 때는 수영장이 하트 모양이었다! 그 밖에도 폭포나 바위, 혹은 다양한 수중 생물을 더할 때도 있었다.

오늘은 직사각형 모양에, 해초를 엮어 만든 밧줄로 레인을 구분해 둔 평범한 수영장 모습이었다. 메두사는 주위를 한번 둘러본 뒤 겉옷을 벗어서 수건과 함께 한쪽에 내려놓았다.

'우아, 오늘은 운이 좋네. 나 말고 아무도 없다니. 난 수영장을 독차지하고 쓰는 게 좋더라.'

메두사는 별 생각 없이 장갑을 벗고서 물 온도를 확인하기 위해 손을 뻗었다. 그런데 집게손가락이 물 표면에 닿는 순간, 메두사는 자신의 실수를 깨달았다. 얼른 손을 뒤로 뺐지만 소용없었다. 이미 반짝이는 금가루들이 퍼지면서 수영장 물이 거대한 '황금 푸딩'처럼 바뀌고 있었다. 메두사는 '황금 푸딩'이 점점 딱딱한 황금으로 굳어 가는 과정을 놀라움과 후회 속에 지켜볼 수밖에 없었다.

메두사는 황급히 장갑을 끼며 생각했다.

'액체는 고체로 변하는데 왜 천은 황금이 되어도 부드러움을 유지하는 거지? 도무지 알 수가 없어. 휴, 확실히 아는 게 한 가지 있다면 내가 어찌해 볼 방법이 없다는 거야!'

그때 지하실 문이 열리는 소리가 났다. 메두사는 서둘러 겉옷을 걸쳤다. 아이들 목소리가 들리더니 계단을 저벅저벅 내려오는 소리가 점점 가까워졌다.

'몸을 피해야 해!'

무조건 숨어야 한다는 생각뿐이었다. 메두사는 수건을 집어 들고서 주변을 정신없이 살폈다. 멀지 않은 곳에 젖은 수건을 담는 커다란 바구니가 보였다. 메두사는 그쪽으로 냅다 뛰어가서 뚜껑을 열고 안으로 뛰어들었다. 다행히 바구니 안이 텅 비어 있었다. 메두사는 수건을 머리에 뒤집어쓰고서 얼른 뚜껑을 덮었다.

'아슬아슬했어!'

다음 순간 누군가 고함을 질렀다. 판도라의 목소리였다.

"어머나! 이게 어찌된 일이야?"

"수영장이 금덩어리로 변했어!"

다른 여자아이도 깜짝 놀라 소리쳤다.

'저 목소리는 이리스인가?'

누구인지 알 수 없었지만 그렇다고 뚜껑을 들어 올리고서 밖을 살필 자신도 없었다. 혹시라도 아이들 눈에 띄면 곤란했다.

'아, 차라리 숨지 말걸. 내가 도착했을 때 이미 금으로 변해 있었던 것처럼 말하면 적당히 빠져나갈 수 있었을 텐데. 이제 와서 바구니 밖으로 나가면 얼마나 이상해 보이겠어. 누가 여기 있는 나를 발견하기라도 하면 더욱 수상해 보일 텐데. 아, 이게 무슨 꼴이람!'

"포세이돈이 마법을 부린 걸까?"

세 번째 목소리가 물었다. 그러자 판도라는 의아한 듯한 목소리로 되물었다.

"포세이돈이 뭐 하러 아무도 수영장을 쓰지 못하게 만들었겠어?"

이번에는 아무래도 이리스 목소리 같았다.

"어쨌거나 예쁘긴 하네. 이왕이면 무지개 색이었으면 더 예뻤을 것 같아."

'역시 이리스가 맞구나.'

메두사는 아이들이 떠나는 소리가 들릴 때까지 바구니 안에 옹크리고 있있다. 그러고 나서도 몇 분을 더 기다린 다음 바구니에서 나와 학교로 돌아갔다. 가는 길 내내 메두사는 지나가는 아이들과 눈을 마주치지 않으려 조심했다. 부디 누군가 메두사의 수영복 차림을 눈여겨보고서 수영장 사태와 연결시키지 않기를 바랄 뿐이었다.

'조금 있으면 황금 수영장의 수수께끼로 온 학교가 시끌시끌해질 거야.'

메두사는 기숙사로 가는 대리석 계단을 오르며 깊은 생각에 잠겼다.

'손이 물에 닿았을 때 만약 누군가 물속에서 수영이라도 하고 있었으면 어쩔 뻔했어! 어휴, 아무도 없었기 망정이지. 혹시 포세이돈이 황금덩어리가 된 물을 다시 되돌려 놓을 수 있을 지도 몰라. 그 애는 불멸의 존재라서 진짜 마법을 쓸 수 있잖아. 나같이 보잘 것 없는 인간은 사람을 돌로 만드는 눈길 또는 황금을 만드는 손길처럼 반쪽짜리 마법이나 간간이 쓸 수 있는 거지 뭐.'

다행히 기숙사 복도는 텅 비어 있었다. 이제 메두사는 어떻게 하면 오른쪽 집게손가락을 물에 닿지 않게 할 수 있을지 곰곰이 궁리하기 시작했다. 그래야 포세이돈이 수영장 물을 되돌려 놓았을 때 마음 놓고 수영을 할 수 있을 테니까. 이리저리 머리를 굴려 보았지만 메두사는 서글픈 진실을 마주할 수밖에 없었다.

'이제 다시는 수영을 할 수 없겠구나. 장갑을 끼거나 손가락에 뭔가를 감더라도 혹시 물이 새어 들어서 수영장 전체가 금으로 변할까 봐 마음 놓고 수영을 할 수 없을 거야. 아니면 누가 물 안에서 수영을 하고 있다가 금덩이로 변해 버릴 수도 있고. 오, 신이시여! 생각만 해도 무시무시한 일이야.'

메두사는 방에 도착하자 수건을 침대에 휙 집어던졌다. 문득 수영을 하지 못한 실망감도 달랠 겸 새로 사온 키톤을 입어 봐야겠다는 생각이 들었다. 메두사가 새 옷을 입고서 옷장에 달린 전신 거울에(물론 스톤글라스를 쓰고서) 자신을 비추자, 메두사의 뱀들은 기뻐하며 잔뜩 들떴다. 옷이 잘 어울린다는 칭찬의 표시로 뱀들은 서로 몸을 꼬아서 양 갈래로 땋은 머리를 한다거나, 동그랗게 쪽을 진다거나, 소라 모양으로 틀어 올린다거나, 가닥가닥 꼬아 늘어뜨리거나, 결혼식의 신부처럼 사방을 땋아 올린 머리 모양을 만들어 보였다.

'아, 수영장 사건 때문에 내가 속상해 하는 걸 알고서 기분을 풀어 주려고 그러는구나.'

뱀들의 따뜻한 위로 덕분에 메두사는 기분이 한결 나아졌다.

"얘들아, 고마워. 황금 손길 다루기가 생각보다 까다롭네."

메두사는 속내를 털어놓고서 간식 자루를 찾아 뱀들에게 말린 완두콩과 당근을 던져 주었다.

꿀꺽, 꿀꺽, 꿀꺽!

간식이 순식간에 사라졌다.

"좋은 면이 있으면 분명 나쁜 면도 있다는 걸 미리 생각했어야 하는데……. 예를 들어 수영을 할 수 없다든가 말이야."

메두사는 간식을 치우며 말을 이었다.

"그래도 그런 어려움을 무릅쓸 가치가 있지 않아? 이제 다시는 돈 걱정을 하지 않아도 되잖아. 그것만 해도 어디야."

메두사는 내심 헷갈렸다.

'내가 지금 누굴 설득하려 하는 거지? 뱀들? 아니면 나 자신?'

메두사의 근심을 느꼈는지 꼬물이와 스위트피가 고개를 아래로 내리더니 메두사의 볼을 부드럽게 톡톡 쳤다.

'귀요미 녀석들! 모든 게 잘 될 거라고 날 안심시켜 주려는 거구나.'

메두사는 기분이 확 좋아졌다.

"내일 디오니소스가 돌아오면 새 키톤을 입고 만날까?"

열두 마리 뱀이 모두 찬성한다는 듯이 고개를 끄덕였다.

"내가 장갑을 낀 걸 보면 디오니소스가 이상하게 여길 텐데. 디오니소스한테는 피부에 문제가 있다고 둘러댈 수 없을 거야. 그 애라면 진실을 알아차릴 테니까. 게다가 수영장이 금덩어리로 변했다는 소문까지 돌 테니 빠져나갈 수가 없어. 그간 무슨 일이 있었는지 솔직히 털어놓아야겠지? 미다스 왕이 황금 손길을 나한테 넘겼다고 말이야."

이번에도 뱀들이 모두 고개를 끄덕였다. 메두사는 한참 동안 말이 없다가 마침내 고개를 끄덕이며 말했다.

"좋아. 대신 언제 고백하면 좋을지는 내가 정할 거야. 그 전에 너희가 먼저 알리면 안 돼."

그때 누군가 메두사의 방문을 쾅쾅 두드렸다.

"문 열어!"

스테노였다.

"우리를 기다리게 만들지 마."

에우리알레도 함께였다. 메두사는 짜증 섞인 한숨을 푹 쉬고서 문을 열었다.

"너 우리한테 거짓말했지?"

스테노가 쏘아붙였다. 메두사는 순간 몸이 뻣뻣이 굳었다.

"거짓말이라니? 무슨 소리야?"

메두사는 최대한 아무렇지 않은 척 대꾸했다.

'수영장에서 일어난 일에 대해 듣고 내 황금 손길에 대해서도 알아낸 건가?'

에우리알레가 메두사의 얼굴 앞에 집게손가락을 까딱이며 말했다.

"그 돈 말이야! 도로스 씨한테서 초상권 사용료로 받은 거 아니지?"

스테노도 거들었다.

"그래, 금붙이를 팔았다며? 도로스 씨가 우리한테 보여 줬어."

에우리알레가 메두사에게 인상을 썼다.

"우린 그 금붙이가 어디서 났는지 알아야겠어."

메두사는 속으로 끙 신음을 뱉었다.

'망했다. 내 말이 사실인지 아닌지 언니들이 직접 확인해 볼 줄은 몰랐어.'

메두사는 황금 장갑이 신경 쓰여서 슬쩍 손을 뒤로 돌려 깍지를 꼈다.

그때 스테노가 메두사의 키톤에 달린 핀을 보고 눈이 휘둥그레졌다.

"어? 나 그 해파리 핀 기억하는데!"

스테노가 손가락으로 핀을 톡톡 두드리며 말했다.

"전에는 금이 아니었잖아!"

그러자 에우리알레가 얼굴을 가까이 들이밀며 말했다.

"막내야, 어디 설명 좀 해 보시지 그래?"

메두사는 손을 계속 뒤로 한 채 한 걸음 물러났다. 이번에는 스테노가 쏘아붙였다.

"네가 피부가 어쩌고 할 때부터 우리는 네 말 안 믿었어. 도대체 그 장갑은 왜 끼고 있는 거야?"

메두사가 막을 틈도 없이 언니들이 양쪽에서 메두사의 팔을 잡아 당겼다.

"잠깐! 멈춰!"

메두사가 버럭 소리를 지르며 팔을 잡아 뺐다. 언니들이 장갑을 벗길까 염려스러웠다.

'아무리 얄미운 언니들이라 해도 황금 조각상으로 만들 수는 없잖아!'

언니들이 옆으로 물러섰다.

"그럼 한번 말해 봐."

에우리알레가 추궁을 했다.

"이번에는 진실을 털어놓는 게 좋을 거야."

"알았어."

메두사는 막다른 골목에 몰린 기분이었다.

"언니들이 이렇게 어린아이처럼 징징거리니 어쩌겠어? 궁금해하는 걸 말해 줄게. 대신 이제부터 내가 하는 말을 절대 아무한테도 말하지 않겠다고 맹세해야 해."

"알았어."

스테노와 에우리알레가 입을 모아 대답했다.

'혹시 운이 좋으면 언니들이 한동안 입을 다물어 줄지도 몰라. 적어도 파마보다는 비밀을 잘 지키는 편이니까.'

메두사는 언니들에게 자신이 어떻게 황금 손길을 얻게 되었는지, 도로스 씨에게 판 금붙이를 어떻게 만들었는지 세세히 이야기해 주었다. 메두사의 이야기를 듣는 동안 스테노와 에우리알레의 눈에 묘한 빛이 번득였다. 메두사가 이야기를 마치자 에우리알레가 대뜸 말했다.

"네가 디오니소스에게 부탁 좀 해 봐. 우리한테도 그 능력을 주라고 말이야."

"안될걸? 디오니소스는 내가 그 능력을 건네받은 사실도 몰

라. 말했다시피 미다스 왕에게 황금 손길을 주었던 것도 디오니소스의 염소를 잘 돌봐 준 것에 대한 보답이었어. 언니들이 디오니소스한테 뭐라도 베푼 적이 있어?"

에우리알레는 입술을 깨물며 대답했다.

"없지. 하지만 디오니소스가 어떤 마법을 썼는지 그거라도 알아내야겠어. '벼락 부자' 주문은 들어 본 적이 없어. 아마 아는 이가 거의 없을걸?"

스테노가 에우리알레를 쳐다보며 말했다.

"난 맨날 손에 장갑 끼고 있을 마음 없어."

이어 스테노는 고갯짓으로 메두사를 가리켰다.

"돈이 필요할 땐 쟤한테 뭐든 금으로 바꾸라고 시키면 되잖아. 뱀 머리, 무슨 말인지 알지? 너 우리한테 빚진 게 있잖아. 우리가 지금까지 널 위해 얼마나 많은 일을 해 줬는지 생각해 봐."

"흐으음."

메두사는 팔짱을 끼고서 고개를 갸웃갸웃하며 깊이 생각하는 척했다.

"딱히 기억이 안 나는데……."

스테노가 발끈했다.

"무슨 소리야? 3학년 때 네가 올림포스 학교에 오고 싶다며 작전을 펼쳤을 적에 도와줬잖아. 그 뒤로도 아이들이 널 괴롭히거나 네 뱀을 놀려 대면 우리는 늘 네 편을 들었어."

"맞아. 하지만 언니들이 직접 날 괴롭히기도 했지."

메두사도 쉽게 물러서지 않았다.

"뱀 머리가 별로 예쁜 별명은 아니지 않아? 게다가 언니들은 내 뱀들한테도 이상한 이름을 붙였지. 그리고 아, 만약 내가 금붙이를 하나 주면, 그렇다고 준다는 건 아니지만, 어쨌든 그걸로 방 청소는 끝이야. 더 갚을 빚이 없다고."

예상과 달리 두 언니는 메두사의 말에 동의한다는 듯이 신나게 고개를 주억거렸다. 그러자 메두사는 얼른 덧붙였다.

"만약 황금 손길에 대해서 입 벙긋했다간 내가 준 황금이나 돈을 전부 되돌려 줘야 해."

스테노는 가슴에 손을 대고 맹세까지 했다.

"가족의 비밀은 가족 안에 머물러야지."

에우리알레가 당연하다는 듯이 고개를 끄덕이더니 메두사 쪽으로 손바닥을 턱 내밀었다. 그러고는 '알잖아?' 하는 표정으로 쳐다보며 손가락을 꼼지락거렸다.

"자, 그럼 도로스 씨한테 받은 돈을 나눠야지?"

"내가 왜? 언니들은 용돈을 받잖아. 내 용돈의 세 배나 되는 걸."

메두사가 발끈했지만, 스테노는 되레 콧방귀를 꼈다.

"그야 엄마 아빠가 우리를 더 사랑하니까 그렇지."

스테노는 농담을 한 것도 아니었고, 없는 말을 지어낸 것도 아니었다. 부모님들은 불멸의 존재인 두 언니에 비해 메두사를 실망거리로 여겼고, 그 사실을 메두사에게 평생토록 대놓고 티를 냈다.

에우리알레가 갑갑하다는 듯이 눈을 굴리더니 말했다.

"아까 쇼핑센터에서 이번에 받은 용돈을 다 썼어. 그리고 그렇게 난리칠 거 뭐 있어? 넌 원하면 언제든지 금을 만들어서 돈을 쓰고 싶은 대로 쓸 수 있잖아."

언니들 말에도 일리가 있었다.

"맞아."

결국 메두사는 경계의 눈초리를 바짝 세운 채 책상으로 가더니 서랍 뒤에서 남은 돈을 꺼냈다. 할인 중이라 한 벌에 8드라크마인 키톤을 5벌 샀고, 뱀들을 위해 산 리본이 4드라크마, 만화 경진 대회 응모비가 15드라크마였으니 총 59드라크마를 쓰고 41드라크마가 남아 있았다.

메두사는 언니들에게 각각 20드라크마를 주고 자신은 1드라크마만 가졌다.

"조심해야 해, 알았지? 이 돈을 비롯해서 앞으로 내가 주는 돈을 미친듯이 써 대면 다들 이상하게 여기고 이것저것 물어보기 시작할 거야. 언니들도 방금 그랬잖아!"

"막내야, 넌 너무 걱정이 많아."

스테노가 돈을 키톤 주머니에 쑤셔 넣으며 말했다. 에우리알레도 돈을 챙기며 한마디 던졌다.

"내 말이 그 말이야."

이어 에우리알레가 스테노를 바라보며 물었다.

"슈퍼파워 슈퍼마켓에 과자랑 셰이크 사 먹으러 갈까?"

스테노는 방문을 열며 대답했다.

"그래. 과자도 배 터지게 먹고, 셰이크도 머리 아플 때까지 마시자."

"앗싸!"

에우리알레가 복도로 나가며 콧노래를 흥얼거렸다.

"대박 났네! 대박 났어!"

메두사는 문을 닫으며 뱀들에게 투덜거렸다.

"내 말을 전혀 못 알아들었나 보네. 너희도 봤지? 나한테는 같이 가자고 묻지도 않았어. 나도 갈 마음 없지만 그래도 물어봐야 하는 거 아냐?"

뱀들이 메두사의 목을 감더니 혀를 날름거리며 안타까움을 전했다. 메두사는 장갑 낀 오른손으로 뱀들을 쓰다듬으려다가 황급히 왼손으로 바꾸었다. 장갑을 끼고 있으니 맨손으로 쓰다듬을 때만큼 마음이 편안해지지 않았다.

'이제 다시는 오른손으로 너희를 만질 수 없겠구나.'

9 가족 문제

일요일 아침, 잠에서 깨어난 메두사는 장갑이 바닥에 떨어져 있는 걸 보고 기겁했다.

'헉, 자는 사이에 나도 모르게 벗어 버렸거나 저절로 벗겨진 모양이네. 휴, 침대 옆에 팔을 늘어뜨리고 잤기 망정이지 하마터면 이불을, 아니 어쩌면 나 자신을 황금으로 만들 뻔했잖아!'

메두사는 아직도 황금 손길이 어떤 방식으로 작용하는지 제대로 알지 못했다. 그리고 예전에 대리석상이 되었던 경험 때문인지 자신의 몸에 손을 대어 볼 엄두도 나지 않았다.

메두사는 바닥을 건드리지 않도록 조심조심 손을 뻗어서 장갑을 집어 들었다.

'앞으로는 자는 사이에 벗겨지지 않게 손목에 끈을 묶어야겠어.'

메두사가 아침에 일어나서 가장 먼저 하는 일은 뱀들에게 먹이를 주는 것이었다. 메두사는 말린 콩과 샐러리를 한 움큼 집어서 머리 위로 던졌다. 그러고는 뱀들이 열심히 사료를 먹는 동안 일일이 이름을 부르며 인사를 건넸다.

"독사, 날쌘이, 꽈배기, 덥석이, 뱅글이, 슬금이, 올가미, 미끌이, 비늘이, 에메랄드, 스위트피, 꼬물이 모두 좋은 아침이야!"

메두사는 시원하게 샤워를 하고 싶었지만 그 역시 말도 안 되는 일이었다. 결국 메두사는 복도 끝에 있는 욕실의 욕조를 이용하기로 했다. 오른손을 조심스럽게 욕조 밖으로 뺀 채, 왼손으로 몸을 씻었다. 움직이기 불편하고 시간도 오래 걸렸지만 대신 비누나, 물, 나아가 메두사 자신이 금덩어리가 되지 않았으니 그나마 다행이었다!

어렵사리 목욕을 마치고 방으로 돌아왔더니 갑자기 창문에서 톡, 톡, 톡 하는 소리가 들렸다. 메두사가 창문을 열자 마법 바람이 휭 몰아쳐 들어오더니 은색 리본으로 묶인 두루마리 편지를 바닥에 떨어뜨렸다.

"편지요!"

메두사는 황금 장갑을 낀 손으로 편지를 집어 들고서 떠나는 바람에게 인사를 했다.

"고마워요!"

뱀들이 무슨 편지인지 궁금해하며 앞으로 고개를 쭈욱 내밀었다.

"아무래도 디오니소스가 보낸 것 같지?"

메두사는 은근 걱정이 들었다.

'혹시 실레노스가 계속 아파서 고향에 며칠 더 머물기로 했다는 소식이 아닐까?'

메두사는 불안한 마음으로 편지를 펼쳤다.

받는 이: 메두사 고르곤
보내는 이: 대도 출판사

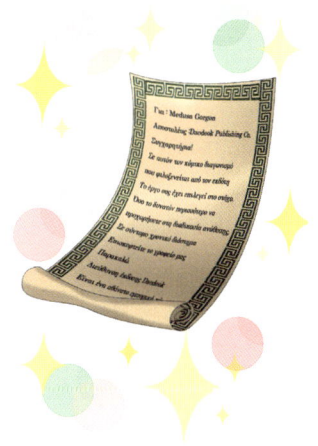

메두사는 심장이 파르르 떨렸다.

'오, 신이시여! 대도 출판사라면 민화 경진 대회를 주최하

는 곳이잖아!'

마감이 바로 어제였고, 응모작이 아주 많았는데 벌써 답을 보내 온 걸 보면 대도 출판사는 일 처리가 무척 빠른 듯했다.

'내 만화가 당선된 걸까?'

메두사는 심호흡을 하고서 나머지 내용을 읽었다.

축하드립니다!
이번 대도 출판사 주최 만화 경진 대회에서
귀하의 작품이 대상에 당선되었습니다.

"야호!"
메두사는 탄성을 한 번 지르고서 다시 편지를 읽었다.

수상 절차를 진행하도록 최대한
빠른 시일 안에
저희 사무실을 방문하여
주시기 바랍니다.
대도 출판사 주소는
불멸 쇼핑센터 142호입니다.

'수상 절차?'

이 말은 만화 출판 계약을 맺자는 이야기로 이해하고 넘어가자, 또 다른 의문이 생겼다.

'142호가 어디지? 불멸 쇼핑센터 가게에 번호가 붙어 있었나? 난 왜 한 번도 본 적이 없지?'

메두사는 기쁜 마음에 춤을 추며 방을 한 바퀴 돌고서 뱀들에게 말했다.

"불멸 쇼핑센터에 또 들르게 생겼네. 뭐 어때, 그치? 내 만화가 대상이래! 내 만화가 출판될 거래! 야호!"

만약 디오니소스가 빨리 돌아온다면 굳이 파마나 언니들의 도움을 청하지 않아도 디오니소스와 함께 불멸 쇼핑센터에 갈 수 있을 터였다. 대회에서 상을 받게 된 것도 기쁜 일이지만, 아직 한 번도 자신의 만화를 누군가에게 보여 준 적 없는 메두사에게 이 일은 혁신적인 사건이었다.

'어서 빨리 디오니소스에게 인쇄된 만화를 보여 주고 싶어!'

메두사는 마치 꿈속을 걸어 다니는 기분을 느끼며 옷장에서 새로 산 진초록색 키톤을 꺼내 입었다. 밑단이 조개 무늬처럼 장식된, 촉감이 아주 부드러운 옷이었다. 메두사는 낡은 키톤에서 황금 해파리 핀을 떼어 내어 새 키톤에 달았다. 그런 디음 뱀들에게 전날 산 초록색 리본을 일일이 달아 주었다. 마지막으로 스톤글라스를 낀 뒤 메두사와 뱀들은 전신 거울 앞에 섰다. 뱀들이 거울에 비친 자기 모습을 어찌나 좋아하는지 메두사는 아침을 먹으러 가기 위해 뱀들을 거울 앞에서 거의 억지로 떼어 놓아야 했다.

메두사는 스톤글라스를 낀 채 복도를 걸어갔다. 올림포스 학교에는 예를 들어 지금 막 방을 나서고 있는 판도라처럼 인간 학생들도 있었기 때문에 늘 스톤글라스를 끼고 다녔다. 그래서 스톤글라스가 이제 몸의 일부처럼 자연스럽게 느껴졌다.

판도라의 룸메이트인 아테나도 방에서 나와 판도라와 함께 메두사 곁으로 왔다. 아테나가 뱀들이 달고 있는 리본을 보며 방긋 웃었다.

"어머, 메두사! 너도 그렇고 뱀들도 그렇고 오늘 아주 멋지다."

메두사의 뱀들은 칭찬을 듣고 고개를 빳빳이 들며 자랑스러워 했다.

"고마워. 뱀들도 같은 마음이야."

판도라가 메두사의 장갑을 보며 물었다.

"파마가 그러든데 피부에 문제가 생겼다며?"

판도라는 모든 게 궁금한 아이라 모든 말을 질문으로 했다.

"두드러기가 난 거야?"

판도라의 질문은 그칠 줄 모르고 이어졌다.

"가려워? 장갑을 평생 껴야 한대?"

메두사는 어깨를 들썩해 보이기만 했다. 지금까지 경험으로 볼 때 판도라의 수많은 질문에 한 번에 대답하는 데는 이 방법이 최고였다.

사실 메두사는 판도라와 잠깐 동안 방을 같이 썼고 그 뒤로도 파마와 룸메이트가 된 적이 있었다. 하지만 판도라의 끝없는 질문 공세, 뒤이은 파마의 끝없는 수다와 온 방을 채우는 구름 글자 때문에 메두사는 골치가 아팠다. 그래서 판도라한테는 똑같이 질문 공세를 퍼붓는 방식으로, 파마한테는 '방에서는 구름 글자 금지' 규칙을 만들어서 차례차례 룸메이트들을 내보냈다. 메두사는 뱀들하고만 지내는 쪽이 훨씬 좋았다. 뱀들은 좋은 친구일 뿐 아니라 '조용하니까' 말이다.

판도라가 관심을 보여서인지 아테나도 메두사의 장갑을 흘끔흘끔 쳐다보기 시작했다. 메두사는 문득 파마가 했던 이야기가 떠올랐다.

'아테나의 일기장에는 빨간 손 주술이 걸려 있다고 했지. 혹

시 애 지금 날 의심하는 건가? 설마 내가 자기 일기장을 훔쳐 보다 걸려서 장갑으로 손을 가리려고 한다고 생각한다면……. 흠, 진실을 아는 것보다는 그쪽이 나을 수도 있겠다. 적어도 지금은 말이야.'

식당에 들어서자 메두사는 팔이 여덟 개 달린 식당 아주머니한테서 암브로시아와 달걀이 담긴 접시를 받았다. 그러고는 늘 앉는 탁자로 가서 파마 옆에 앉았다. 스테노와 에우리알레도 같은 자리에 앉았는데 둘이 정신없이 뭔가를 속삭이느라 메두사한테는 아무런 관심도 보이지 않았다.

메두사가 오자 파마는 구름 글자를 퐁퐁 뿜으면서 정신없이 수다를 떨기 시작했다. 메두사는 건성으로 들으면서 만화가 출판되면 얼마나 기쁠까, 황금 손길로 무한정 돈을 마련할 수 있게 되었으니 무엇을 살 수 있을까 하는 생각을 했다.

'전차를 한 대 사야겠어. 그럼 날개 샌들을 이용할 수 있게 도와 달라고 누구한테 부탁할 필요가 없잖아. 그런데 학교에 내 전용 전차를 두려면 교장 선생님 허락을 받아야 할 거야. 지금까지 그걸 허락받은 학생은 아르테미스뿐인걸. 아르테미스의 전차는 황금 뿔 달린 흰 사슴들이 끄니까, 내 전차는 큰 바다뱀들이 끌면 멋있을 것 같아.'

그때 갑자기 식당 문 쪽에서 이상한 소음이 들렸다. 식당 안에 있던 학생들이 순식간에 조용해졌다.

메두사는 화들짝 놀랐다.

'어? 이건 분명히 내가 아는 소리인데!'

메두사는 식당 안에 있던 모든 아이들처럼 문 쪽으로 눈길을 돌렸다.

'오, 신이시여!'

불안한 예감이 들어맞았다. 식당 문에 메두사의 아빠 포르키스와 엄마 케토가 서 있었다. 포르키스는 끼이익 소리로만 말하는 돌고래 괴물이고, 케토는 바다 괴물이었다.

'엄마 아빠가 여긴 어쩐 일이지? 지금까지 한 번도 학교에 온 적이 없는데. 특별 행사가 있어도 오지 않았는걸!'

메두사의 엄마 아빠가 누군가를 찾는지 식당 안을 휘휘 둘러보았다. 이내 엄마 케토의 눈길이 메두사의 얼굴에 꽂혔다.

"두사!"

케토가 목청 높여 소리를 질렀다.

"우리 예쁜이!"

악몽이 현실로 변하기라도 한듯 케토가 뒤뚱뒤뚱 식당을 가로질러 오더니 모든 학생들이 보는 앞에서 메두사를 덥석 끌어

안았다.

'헐!'

메두사의 엄마는 지금까지 단 한 번도 메두사를 안아 준 적 없었다.

메두사는 너무 창피해서 바닥으로 꺼지고 싶었다.

'평소 하던 것처럼 나는 싹 무시하고 언니들한테 허겁지겁 달려가지 않고 왜 이러는 거지? 이게 대체 어찌된 일이야?'

포르키스도 끼이익거리며 다가오더니 꼬리로 바닥을 철썩철썩 친 뒤 메두사를 향해 빙그레 웃었다.

"어……. 엄마 아빠 여기 어쩐 일이에요?"

부모님께 하는 인사치곤 이상한 말이었지만 도저히 묻지 않을 수가 없었다.

메두사는 언니들을 쳐다보았다.

"엄마 아빠 오시는 거 알고 있었어?"

스테노와 에우리알레는 열심히 고개를 가로저었지만 뭔가 찔리는 표정이었다. 사건의 진실은 케토의 입에서 나왔다.

"어젯밤 언니들이 보낸 특급 두루마리 편지를 받고 널 깜짝 방문해서 놀라게 해 주기로 마음먹었단다! 아유, 우리 금덩이 딸내미!"

메두사는 속으로 끙 신음을 뱉었다.

'특급 두루마리 편지? 금덩이 딸내미? 어휴, 정말 미치고 팔짝 뛸 노릇이네.'

입 가벼운 언니들이 하루를 못 버티고서 곧바로 엄마 아빠한테 비밀을 털어놓은 모양이었다. 그렇다면 늘 바쁜 엄마 아빠가 학교까지 찾아온 이유는 분명했다. 메두사의 새 능력을 이용해서 덕을 보려는 것이었다. 아니나 다를까 케토가 작은 오두막에 방을 늘리고 수영장을 만드는 게 소원이라며 넌지시 속내를 비추었다.

메두사는 언니들을 매섭게 노려보고서 부모님을 향해 억지웃음을 웃었다.

"엄마 아빠, 어디든 듣는 귀가 없는 곳에서 얘기하는 게 좋겠어요. 나가요."

메두사는 엄마 아빠를 이끌고 학교 안뜰을 지나 인적이 드문 올리브 과수원으로 갔다.

가는 길에 메두사 일행은 학교에 새로 세워진 풍속계 옆을 지났다. 얼마 전 괴물 티폰이 올림포스 학교를 습격하려 했을 즈음에 조각가 피그말리온이 만든 것으로, 바람의 신 사형제인 보레아스·제피로스·노토스·에우로스의 모습이 새겨져 있었다. 프리기아를 덮쳐서 백성들의 집과 농장을 짓밟고 미다스 왕의 궁전을 파괴한 범인 역시 바로 그 괴물 티폰이었다.

"새로 생겼다는 그 멋진 능력을 보여 주렴."

과수원 안에 들어가자마자 케토가 안달을 부렸다.

메두사는 땅이 꺼져라 한숨을 쉬고는 장갑을 벗어 과수원 벤치 위에 던졌다. 그러고서 바닥에 굴러다니는 돌멩이 몇 개를 오른손으로 쓰다듬었다. 돌멩이가 황금으로 변하자 메두사의 엄마 아빠는 잔뜩 신이 나서 사방을 돌아다니며 돌멩이와 나뭇가지를 모아 왔다. 메두사는 부모님이 원하는 대로 그것들을 황금으로 만들었고, 메두사의 부모는 가져온 황금을 가방에 쓸어 담았다.

"두사, 고맙구나."

케토가 싱글벙글하며 말했다.

"일단은 이걸로 한동안 지낼 수 있을 거야. 더 필요하면 연락하마."

아빠가 한 번 끼이익 소리를 내고 엄마가 뭔가 작별 인사 비슷한 말을 웅얼거리더니 대뜸 걸음을 떼기 시작했다.

"언니들한테 작별 인사 안 하고 그냥 갈 거예요?"

메두사가 놀라서 소리쳐 물었다.

케토가 고개를 돌리더니 웃으며 대답했다.

"정말로 너만 보러 온 거야."

"이이익."

아빠가 맞장단을 치는 듯한 소리를 냈다. 그 길로 메두사의 부모님은 뒤도 돌아보지 않고 뒤뚱거리며 집으로 떠나 버렸다.

메두사는 오랫동안 엄마 아빠가 자신에게도 따뜻한 말을 해 주기를 꿈꾸었다. 하지만 지금은 엄마 아빠의 말이 그저 허무하게 들릴 뿐이었다.

'엄마 아빠가 여기 온 이유는 하나 뿐이야. 내가 드디어 두 분이 정말로 원하는 걸 드릴 수 있게 되었거든. 바로 황금 말이야!'

메두사는 엄마 아빠의 모습이 사라질 때까지 지켜보았다.

'바다에 도착하면 집까지 헤엄쳐 가시겠지? 아, 가방이 너무 무거워서 배를 탈 수도 있겠다. 늘 엄마 아빠가 나한테 좀 더 관심을 가져 주길 바랐지만 이런 식은 아니었는데. 돈 때문에 관심을 받게 되다니 쩝.'

메두사는 벤치에 던져 두었던 장갑을 집어 들고서 다시 오른손에 꼈다. 문득 언니들이 한 약속이 떠올랐다.

"가족의 비밀은 가족 안에 머무른다더니 참나!"

분명 언니들이 메두사를 교묘히 속였지만 그렇다고 서약을 깬 것은 아니니 뭐라 탓할 수도 없었다. 부모님도 가족이니까!

"부엉! 부엉!"

갑자기 가까운 나무 위에서 커다란 갈색 부엉이 한 마리가 내려오더니 메두사가 장갑을 던져 놓았던 벤치에 앉았다. 그러고는 순식간에 회색이 섞인 파란 눈동자를 가진 갈색 머리 소녀 신으로 변신했다.

메두사는 비명을 꽥 질렀다.

"아테나? 음, 너 언제부터 엿보고 있었던 거야?"

10 가까이 오지 마!

"처음부터 전부 다."

아테나가 차분히 말했다.

"전부 다 듣고 봤어. 몰래 엿봐서 미안해. 아까 네 행동이 너무 수상해서……."

"파마가 네 그 잘난 일기장에 대해 얘기하더라."

메두사가 발끈해서 아테나의 말을 잘랐다.

"난 네 일기장 안 건드렸어."

메두사는 가시 돋친 목소리로 덧붙였다.

"네가 믿든 안 믿든 난 남의 방을 몰래 뒤지고 다니는 습관 따위 없거든."

메두사는 자신의 목소리에 거센 분노가 베어 나오는 데 스스로 놀랐다. 솔직히 몰래 엿본 아테나의 행동 자체보다 부모님과 있었던 일을 누가 보았다는 게 더 부끄럽고 화가 났다.

"네 말 믿어."

아테나는 메두사의 신경질적인 반응에 개의치 않고 오히려 벤치를 가리키며 같이 앉자는 뜻을 전했다.

"엄마 아빠가 이렇게 불쑥 학교에 나타날 줄 넌 전혀 몰랐나 봐? 아, 부모님들은 가끔 정말 우릴 창피하게 만든다니까. 그치?"

메두사는 땅이 꺼져라 한숨을 쉬며 벤치에 앉았다.

"내 말이 그 말이야."

메두사는 속으로 생각했다.

'하긴 아테나도 부모님 때문에 속앓이 하는 면에서는 나름 일가견이 있겠구나.'

아테나의 생모는 메티스라는 파리인데 어느 날 불쑥 가족을 떠나 버리는 바람에 제우스는 헤라를 만나 재혼했다. 제우스는 제우스대로 결코 대하기 쉬운 아빠가 아니었다. 목청 크고 성미 까다로운 제우스는 화가 날 때마다 손가락 끝에서 불꽃을 뿜어 냈다.

'모르긴 해도 아테나의 친구들은 그 불꽃에 몇 번 데었을 거야. 어쩌면 남자 친구인 헤라클레스도 감전된 적이 있을지 몰라. 어휴, 아빠가 튀긴 불꽃에 남자 친구가 다치게 되면 얼마나 창피할까.'

아테나는 잠시 망설이다가 고갯짓으로 메두사의 장갑을 가리키며 말했다.

"그 황금 손길 말인데……. 결국 문제를 일으키게 될 거야."

아테나의 목소리가 자못 진지했다.

"난 안 그럴 자신 있어."

메두사는 딱 잘라 대답했다.

'엄마 아빠랑 했던 얘기를 아테나가 정말 다 들었나 보네!'

메두사는 걱정이 들어서 자리에서 벌떡 일어났다. 그러고는 저도 모르게 벤치 앞을 서성이기 시작했다.

아테나가 거 보라는 듯이 한쪽 눈썹을 들어 올리며 말했다.

"지금 당장은 별 문제 없어 보일지 모르지만 곧 너도 그 능력을 얻은 걸 후회하게 될 거야."

"아니, 그럴 일 없어."

메두사는 고집스런 태도를 바꾸려 하지 않았다.

"그나저나 그 능력은 어떻게 얻게 된 거니?"

메두사는 계속 초조하게 서성대며 사연을 풀어 놓았다. 미다스 왕의 능력을 건네받은 걸 디오니소스는 아직 모른다는 이야기도 숨기지 않고 말했다.

메두사의 이야기를 듣더니 아테나는 입을 앙다물며 탐탁지 않다는 표정을 지었다.

"그런 소원을 들어주다니! 디오니소스도 조심했어야지. 미다스 왕이 그런 어리석은 선택을 하지 않도록 더 말려야 했어."

메두사는 괜히 화가 났다.

"난 그 소원이 그다지 어리석다고 생각하지 않는데?"

"만약 아빠가 이 일을 아셔 봐. 결코 좋아하지 않으실걸? 그리고 결국은 소문이 날 텐데 그때는 더 큰 혼란이 일어날 거야. 음, 어디에 비교하면 좋을까?"

메두사가 씁쓸하게 웃으며 대답했다.

"에리스가 우리 학교에 왔을 때보다 더 할 거라 이거지?"

에리스는 불화와 다툼의 여신으로 얼마 전 남동생 아레스의 생일 파티에 불쑥 나타났다. 그러더니만 성적 경쟁을 조장해 온 학교를 반으로 갈라 놓고서 서로 헐뜯게 만들더니, 결국 큰 싸움을 일으키고 아이들 간의 우정을 깨뜨렸다. 그 당시 아테나와 아프로디테는 각 팀의 리더 역을 맡는 바람에 혼돈의 도가

니 한가운데에 서야 했다.

아테나는 그 일을 떠올리자 볼이 살짝 붉어졌다.

"그래. 메두사, 부디 내 말 진지하게 생각해 봐, 응?"

메두사는 말없이 고개를 끄덕였다. 아테나는 올림포스 학교 최우등생일 뿐 아니라 지혜의 여신이었다. 그러니 아테나가 충고할 때는 귀를 기울이는 게 나았다.

메두사와 아테나는 과수원에서 나와 안뜰로 들어섰다.

아테나가 물었다.

"디오니소스는 언제 돌아오니?"

학교 안뜰에는 아침 식사를 마친 학생들이 우르르 나와서 친구들과 수다를 떨거나 벤치에 앉아 책을 읽거나 공부를 하고 있었다.

"아마 오늘 오후쯤? 배를 타고 올 거래."

메두사는 자신이 지나가면 다른 아이들이 슬그머니 피하는 걸 알아차렸다.

'파마가 벌써 피부병 소문을 냈나? 그런 거라면 옮지 않는다는 말은 또 빼먹었나 보네.'

학교 현관문으로 올라가는 화강암 계단 앞에 이르자 아테나가 메두사를 보며 물었다.

"들어갈 거니?"

"아니, 좀 있다가 들어갈래."

문득 메두사는 떠오르는 생각이 있었다.

'아, 혹시 포세이돈이 수영장을 원래대로 되돌려 놓았을까?'

메두사는 직접 가서 알아보기로 마음먹고서 아테나와 헤어져 체육관으로 향했다.

운동장 부근을 걷던 중 메두사는 퍼뜩 어떤 사실을 깨달았다.

'아테나가 황금 손길에 대해 경고를 하긴 했지만 해결책을 제시해 주지는 않았구나. 이걸 없앨 방법을 알려 주지 않았다는 건 혹시 없앨 방법이 없다는 뜻일까? 다른 이에게 넘겨 줄 수 있는 시간이 이미 지나가 버렸으니까? 에이, 무슨 상관이야. 난 이 능력을 없애 버릴 마음이 없는걸.'

메두사는 체육관으로 가기 위해 운동장을 가로질러 가던 중 하마터면 날아오는 공에 정통으로 맞을 뻔했다. 메두사가 장갑 낀 손으로 공을 주워드는 사이 마카이와 퀴도이모스가 달려와서 옆에 섰다. 이 둘은 아프로디테의 남자 친구 아레스와 간간이 어울려 다니는 사이인데 올림포스 학교 최고의 말썽쟁이로 악명이 높았다. 지금도 온몸에 근육이 울퉁불퉁 불거진 퀴도이모스가 하마터면 공에 맞을 뻔한 메두사한테 사과를 하기는커

녕(아니나 다를까!) 이 한마디를 툭 던졌다.

"야, 그 장갑은 뭐야?"

"소문 못 들었어?"

메두사는 공을 돌려주며 장난스럽게 대답했다.

"나……."

메두사가 둘을 멀찍이 떼어 놓을 심산에 끔찍한 피부병에 걸렸다고 말하려는 순간, 마카이가 씩 웃더니 장갑을 휙 벗겼다.

"야, 돌려줘!"

메두사는 당황해서 어쩔 줄 몰랐다. 두 악동은 푸핫 하고 웃음을 터뜨리더니 서로 장갑을 던지고 받으면서 도망치기 시작했다.

메두사는 이쪽저쪽으로 날아다니는 장갑을 잡으려 폴짝폴짝 뛰며 둘을 뒤쫓았다. 그런데 매번 장갑이 아슬아슬하게 메두사의 손길을 비껴갔다. 머리끝까지 화가 난 메두사가 분노를 뿜어 내려는 순간 장갑이 아래쪽으로 떨어졌다. 메두사는 장갑을 잡으려고 두 손을 머리 위로 뻗었다. 그런데 불행히도 같은 순간 뱀들이 메두사를 돕고자 장갑을 향해 입을 쫙 벌린 채 몸을 내밀다 메두사의 오른쪽 검지손가락과 열두 마리 뱀 중 한 마리가 스치고 말았다.

다음 순간 뱀들은 잠잠해졌고, 메두사는 머리가 묵직해진 것을 느꼈다.

"안 돼!"

메두사는 절규했다. 스톤글라스를 낀 채 메두사는 가까운 분수대로 달려갔다. 그러고는 물에 비친 자기 모습을 경악하며 바라보았다. 열두 마리 뱀이 꿈틀 대던 모습 그대로 황금으로 변해 있었다!

마카이의 가느다란 두 눈이 휘둥그레졌다.

"우아!"

마카이가 메두사의 머리를 가리키며 소리를 질렀다.

"뱀 머리카락이 황금 뱀 왕관으로 변했어!"

"근사한데."

퀴도이모스도 감탄하며 바닥에 떨어진 장갑을 주워 들었다.

"근사하긴 뭐가 근사해!"

메두사가 울부짖었다.

'어째서 난 멀쩡하고 뱀들만 황금으로 변한 거야? 정확히 따지면 내 몸의 일부가 아니라서 그런 건가? 뱀들은 별도의 존재이고 내 반려동물이니까? 하지만 그것도 옛날이야기가 되어 버렸어.'

메두사는 미다스 왕이 황금으로 변한 장미를 보고 어떤 기분이었을지 진심으로 이해할 수 있었다. 뱀을 향한 메두사의 마음만큼 미다스 왕도 장미를 사랑했던 것이다! 메두사는 너무 마음이 아파서 눈물을 터뜨렸다. 그러고는 슬픔을 주체할 수가 없어 땅바닥에 주저앉은 채 엉엉 울었다.

마카이와 퀴도이모스는 거북한 표정을 지으며 서로 눈길을 주고받았다. 만날 아이들을 괴롭히기나 하고, 기회가 있으면 부정행위도 저지르는 악동들이지만 눈물을 흘리고 있는 여자아이는 어찌 감당해야 할지 모르는 모양이었다.

퀴도이모스가 메두사에게 장갑을 내밀며 뒤늦게 말했다.

"미안해."

메두사는 아무 말 없이 장갑을 꼈다. 그러고는 눈물을 훔치고 자리에서 일어나 훌쩍이며 학교로 걸어갔다. 발에 납덩이가 달린 듯 걸음이 무겁기만 했다. 한없는 슬픔 그리고 정수리에 영원히 자리하고 있을 황금 왕관 때문에 머리 무게가 1톤은 되는 것처럼 느껴졌다. 수영장을 확인해 보려던 일은 기억도 나지 않았다.

그런데 마카이가 공을 집어 들고 퀴도이모스와 함께 메두사를 졸졸 따라오는 게 아닌가?

메두사는 휙 돌아서서 쏘아붙였다.

"따라오지 마! 난 위험한 존재라고. 모르겠어? 손가락 하나만 까딱이면 너희를 금덩어리로 만들어 버릴 수도 있어!"

두 악동은 한순간 뒤로 주춤 물러나는가 싶더니 무슨 일인지 확실히 깨닫게 되자 후다닥 메두사 곁으로 달려왔다. 마카이가 눈을 게슴츠레 뜨며 메두사에게 공을 내밀었다.

"이걸 금으로 만들어 줄 수 없어? 아세다스에서 사고 싶은 게 몇 가지 있는데 돈이 부족해서 말이야."

메두사는 터져 나오려는 울음을 억지로 참고 후다닥 학교를 향해 달리기 시작했다. 다른 아이들이 메두사의 머리에 황금 뱀 왕관이 놓여 있는 걸 보고서 눈이 휘둥그레지든 말든 상관하지 않았다. 메두사는 황금 왕관의 무게가 짓누르는데도 불구하고 날듯이 화강암 계단을 오르고 청동문을 지나 기숙사로 향했다.

다행히 기숙사 복도를 달려 방으로 향하는 동안 메두사는 아무하고도 마주치지 않았다. 방에 들어선 메두사는 침대에 몸을 던지고서 꺼이꺼이 울었다. 이제는 불쌍한 뱀들의 위로를 받을 수도 없었다.

한참을 울고 있는데 갑자기 창문을 톡, 톡, 톡 두드리는 소리가 났다. 화들짝 놀란 메두사는 얼른 일어나 창문을 열었다. 마법 바람이 내려놓고 간 두루마리 편지에는 어쩐지 불길한 검은색 리본이 달려 있었다. 메두사는 장갑 낀 손으로 허둥지둥 리본을 풀고서 두루마리를 펼쳤다.

이보아.
디오오니소오스를 다시 만나고오오 싶나?
황금 100덩이를 우리 배로오오 당장 가져와라.
미다스 왕이 다 마련해 줄 거다.
멜로오오스의 해적왕 보오오냄.

추신: 아무한테도오오 말하지 마라.
또오오 추신: 호오온자 와야 한다.

편지 뒤에는 에게 해 어느 곳에서 해적선이 기다리고 있는지 표시한 지도가 대충 그려져 있었다. 메두사는 머리를 한 대 맞은 듯한 충격에 멍하니 서 있었다.

'어떻게 이렇게 나쁜 일만 줄줄이 일어날 수 있을까?'

메두사는 제우스의 전차를 타고 프리기아로 갈 때 에게 해에 떠 있는 해적선을 본 기억이 났다.

'교장 선생님이 번개를 던진 해적들이 바로 이 해적들이었을까? 알게 뭐람. 에게 해에는 해적이 들끓는다잖아. 이 해적왕 멜로스라는 자의 명성과 힘이 어느 정도인지는 모르지만 소식통은 영 허접한 게 분명해. 미다스 왕은 당신들이 요구하는 금을 만들어 줄 수 없거든요. 황금 손길은 지금 나한테 와 있거든요!'

메두사의 생각은 꼬리에 꼬리를 물고 이어졌다.

'잠깐. 혹시 디오니소스가 그 사실을 알고 있는 걸까? 그래서 해적왕한테 협박 편지를 미다스 왕이 아닌 나한테 보내라고 말한 걸까?'

뱀을 잃은 슬픔에 디오니소스 걱정까지 겹치면서 메두사는 당장 폭발해 버릴 것 같았다. 디오니소스를 구해야 하는데 마땅한 방법이 떠오르지 않았다. 메두사는 무작정 방을 뛰쳐나와서 아테나의 방으로 달려갔다.

복도에 있던 여학생 몇몇이 눈을 휘둥그렇게 뜨더니 서로를 팔꿈치로 쿡쿡 찌르며 메두사의 머리를 손가락질했다. 하지만 메두사는 신경 쓰지 않았다. 마침 아테나가 욕실에서 나오다가 메두사의 황금 뱀 왕관을 보더니 두 손을 입에 가져다 댔다.

"오, 이런!"

"그래, 그렇게 됐어."

메두사는 뭘 어찌해야 할지 알 수가 없었다.

"게다가 상황이 점점 심각해지고 있어."

아테나는 얼른 메두사를 끌고서 자기 방으로 갔다.

"앉아!"

아테나가 판도라의 침대를 가리키자 메두사는 고분고분 시키는 대로 움직였다.

"마침 판도라가 파마랑 놀러 나갔으니까 편하게 이야기 나눌 수 있어. 자, 일단 심호흡을 하고 무슨 일이 있었는지 나한테 전부 말해 봐."

심호흡을 몇 번 하자 메두사는 마음이 어느 정도 가라앉았다. 하지만 덜덜 떨리는 손으로 해적의 편지를 꺼내어 아무 말 없이 아테나에게 건넬 때까지 심장 박동은 제 속도를 찾을 줄 몰랐다.

아테나는 얼른 편지를 읽어 보더니 인상을 찌푸렸다가 메두사에게 편지를 다시 돌려주었다.

"멜로스는 에게 해에 있는 섬인데 해적들의 은신처로 악명 높아. 그 멜로스의 해적왕이라면 꽤나 힘이 있겠지. 그래도 인간인 해적이 어떻게 디오니소스 같은 불멸의 존재를 포로로 사로잡을 수 있었던 건지 모르겠어. 디오니소스는 마법을 쓸 수 있잖아. 마음만 먹으면 도망칠 수 있을 텐데 말이야."

메두사가 고개를 끄덕였다.

"그래. 나도 그 점이 이해가 안 돼."

디오니소스 걱정에 몸이 단 메두사가 아테나에게 물었다.

"황금 손길을 써서 해적이 요구한 몸값을 줘야 할까? 잡동사니들을 잔뜩 금으로 만들어서 건네주면 해적들이 내다 팔든지 할 거 아냐."

"그건 아빠한테 물어보면 될 것 같아."

아테나는 마치 메두사가 당연히 그렇게 할 거라는 듯이 곧장 대답했다. 그러더니 갑자기 짜증이 난다는 듯이 혀를 쯧 하고 찼다.

"아, 아빠가 여기 안 계시는구나. 아침에 헤라 님과 같이 또 다른 신전 행사에 참석하러 가셨어. 어느 신전에 가셨는지조차 몰라!"

이 문제로 제우스와 얼굴을 마주하지 않아도 된다는 사실에,

물론 지금 당장이 아니라는 것뿐이지만, 메두사는 아주 짧은 순간 안도감을 느꼈다. 하지만 제우스가 없다는 실망감이 더 크게 몰려왔다. 디오니소스를 구하려면 제우스의 힘이 필요했다.

"뭐라도 해야겠어. 헤르메스 님께 차비를 낼 테니 전차로 멜로스 섬에 데려다줄 수 있는지 물어볼까? 아, 그러려면 일단 헤르메스 님부터 찾아야 되는구나."

똑, 똑.

아테나의 방문이 열리더니 아르테미스와 아프로디테가 고개를 들이밀었다.

"아테나, 우리 지금……"

아프로디테는 말을 꺼내다가 메두사의 머리를 보더니 조용해졌다. 아르테미스는 너무 당황해서 오히려 질문 공세를 퍼부었다. 마치 판도라가 나타난 것 같았다!

"어떻게 된 거야? 무슨 일이 있었던 거야? 영원히 그렇게 있어야 해?"

아프로디테와 아르테미스가 방으로 들어오자 메두사와 아테나는 얼른 사연을 들려주었다.

"이렇게 앉아서 교장 선생님이 돌아오시기 만을 기다리고 있을 순 없어."

메두사가 벌떡 일어나서 방을 나서려 했다.

"난 디오니소스를 구해야겠어. 지금 당장!"

"잠깐만!"

아테나가 아프로디테, 아르테미스와 의미심장한 눈길을 주고받았다. 그러더니 아프로디테가 다가가서 메두사의 어깨에 살포시 손을 올렸다.

"너 혼자 가면 안 돼. 우리가 같이 갈게."

메두사가 천천히 고개를 주억거렸다.

"좋아."

아르테미스가 앞장서서 방을 나서며 말했다.

"얘들아, 내 전차를 타고 가자."

대리석 계단을 내려가며 아프로디테가 말했다.

"내 백조 수레를 타고 가면 어떨까? 전차보다 크기가 작은 대신 더 빠르잖아. 장거리 여행에는 더 유리할 거야."

메두사가 조심스럽게 대답했다.

"그럼 네 백조 수레를 타는 게 나을 것 같아."

메두사는 여전히 우울했지만 세 가디스 걸스의 응원에 기분이 한결 나아졌다.

아프로디테가 방으로 돌아가서 백조 수레를 가져올 동안 메두사, 아테나, 아르테미스는 계속 계단을 내려갔다. 지나가는 아이들이 모두 메두사의 황금 뱀 왕관을 뚫어져라 쳐다보았다. 파마의 도움을 받았는지 어쩐지 모르지만 마카이와 퀴도이모스가 즉각 메두사의 황금 손길에 대해서 소문을 퍼뜨린 모양이었다. 심지어 몇몇 아이들은 메두사를 둘러싸고서 황금으로 바꾸고 싶은 물건을 내밀기까지 했다.

"저리 가!"

아테나가 아이들을 나무랐다.

"뭐 하는 짓이니? 이건 비극적인 사건이지 돈 벌 기회가 아니거든?"

아르테미스도 나섰다.

"내가 내 사냥개들을 얼마나 아끼는지 알지? 메두사도 이 뱀들을 그만큼 사랑했어."

순간 메두사는 목이 턱 메었다.

'뱀들을 사랑했다……. 과거형이잖아. 내 뱀들을 다시 살릴 방법이 없는 걸까?'

메두사는 심장이 둘로 아니 열둘로 갈가리 찢기는 느낌이었다. 각각의 조각이 한 마리 한 마리의 몫이었다.

아테나와 아르테미스가 메두사 양쪽에 서서 팔짱을 끼고는 호기심에 쳐다보는 아이, 동정심을 품고 바라보는 아이, 어떻게든 메두사 덕을 보려는 아이들 사이를 비집고 길을 텄다. 그러다 아폴론과 마주치자 아르테미스는 친구들과 오후 내내 외출할 예정이라며 사냥개들의 밥과 산책을 부탁했다.

"기꺼이 맡을 테니 걱정 마."

아폴론은 메두사에게 눈길을 돌리며 말했다.

"뱀들 일은 정말 안 됐어. 너랑 이 녀석들이랑 얼마나 가까운 사이였는지 알고 있어."

"위로해 줘서 고마워."

메두사는 웅얼웅얼 대답했다.

'물론 뱀들이랑 나랑 가까운 사이지. 머리 위에 자라 있잖아. 이보다 더 가까울 방법이 있나? 어떻게든 애들을 되살릴 방법이 있어야만 해. 없다면 난 앞으로 어떻게 살아야 할지 모르겠어!'

친구들과 합류한 아프로디테는 안뜰의 대리석 타일 위에 작은 도자기 수레를 내려놓았다. 나란히 선 백조 두 마리가 황금 전차를 끄는 형태였다. 두 마리 백조는 얼굴을 마주한 채 부리를 맞대고 있어서 부리부터 목까지 이어지는 우아한 곡선이 완벽한 하트 모양을 이루고 있었다.

아프로디테는 손가락 끝으로 눈처럼 하얀 백조의 등을 톡톡 건드리더니 한걸음 뒤로 물러나 마법 주문을 외웠다.

　　　　섬세한 깃털, 뜨거운 심장
　　　　나의 아름다운 백조들아
　　　　날개를 펼쳐 날아올라라!

백조들이 마치 깊은 잠에서 깨어나기라도 하는 듯 몸을 부르르 떨고 고개를 흔들었다. 그러고는 날개를 서서히 펼치며 점점 커지기 시작했다. 날개가 완전히 펴졌을 즈음, 도자기 백조들은 키가 3미터에 날개폭이 6미터나 되는 거대한 새로 변해 있었다! 작디 작았던 금수레도 백조와 함께 커져서 으리으리한 보석 장식들이 햇살 아래 눈부신 빛을 발했다. 수레의 크기도 넷이 편안히 앉을 수 있을 만큼 넉넉했다.

메두사는 아프로디테의 주문을 듣고 생각에 잠겼다.

'도자기 백조들이 살아나듯 내 뱀들을 되살릴 주문은 없을까?'

메두사는 속으로 단단히 맹세했다.

'그런 주문이 존재한다면 올림포스 산을 모두 뒤지고 세상 끝

까지 가서라도 찾아내고야 말겠어!'

아프로디테가 백조의 길고 우아한 목을 다정하게 어루만지고서 친구들에게 물었다.

"준비 됐어?"

모두 고개를 끄덕이자 아프로디테가 전차에 올랐다.

"훨훨 날아라! 머나먼 에게 해로!"

명령이 떨어지자마자 백조들이 눈부시게 하얀 거대한 날개를 펄럭이며 우아하게 날아올라 수레를 끌기 시작했다. 백조 수레는 부드럽게 날며 올림포스 학교를 지났다. 백조들은 기다란 목을 앞으로 쭉 뻗은 채 해안 지대를 향해 남동쪽으로 훨훨 날아갔다.

아침에 벌어진 사건들과 앞으로 벌어질 일들을 생각하니 메두사는 슬픔과 걱정의 무게에, 그리고 거기 한층 더해지는 황금 뱀 왕관의 무게에 머리가 절로 떨구어졌다.

메두사는 속으로 간절히 빌고 또 빌었다.

'부디 디오니소스를 무사히 구출할 수 있기를! 그리고 디오니소스가 어떻게든 이 황금 저주를 풀고 뱀들을 되살릴 수 있어야 할 텐데!'

메두사는 아테나가 옳았음을 인정하지 않을 수 없었다.

'아테나 말대로 황금 손길은 문제를 일으켜. 그것도 아주 심각한 문제를! 아, 내가 어쩌자고 미다스 왕과 거래를 했을까? 정말, 정말, 정말 후회돼!'

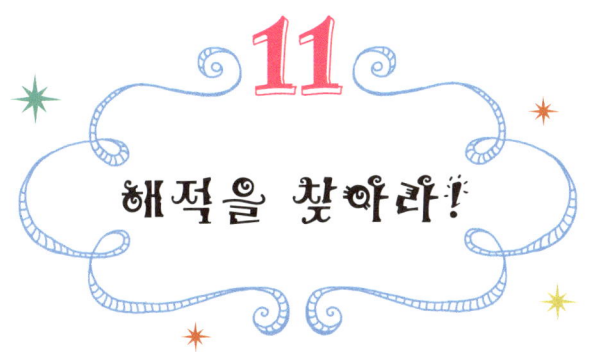

11
해적을 찾아라!

 아프로디테의 백조는 어느새 해안을 지나 광대하고 푸른 바다 위를 날고 있었다. 네 소녀는 전차 옆으로 고개를 내밀고서 에게 해 곳곳에 점점이 뿌려진 작은 섬들을 내려다보았다. 각 섬마다 여러 척의 배들이 정박해 있었다. 높은 곳에서 내려다보니 올림포스 학교 학생들이 키클롭스 선생님의 영웅학 수업 시간에 입체 지도 위에서 움직이는 자그마한 모형 배처럼 보였다.

 메두사는 키톤 호주머니에서 스톤글라스를 꺼내어 쓰고서 해적의 협박 편지를 꺼내어 뒤에 그려진 지도를 펼쳤다. 그러고서 뒷자리에 함께 앉아 있는 아르테미스와 함께 멜로스 섬의 해적왕의 위치가 어디일지 연구했다.

아르테미스가 말했다.

"만약 해적선이 이 지도에 나온 위치에 아직 머물러 있다면 지금 왼쪽으로 보이는 저 섬들을 지나서 조금 더 가면 될 거 같은데?"

메두사가 앞좌석에 아테나와 함께 앉아 있는 아프로디테에게 소리쳤다.

"백조들한테 조금 더 낮게 날라고 부탁해 줄래?"

"알았어."

아프로디테가 소리쳐 대답했다. 잠시 후 백조들이 급강하해서 수면 가까이 날기 시작했다. 근처에 배 몇 척이 항해를 하고 있었다. 아이들이 곁을 날며 확인한 첫 번째 배는 상선이었다. 배에 타고 있던 선원들은 소녀 신들과 메두사의 황금 뱀 왕관을 보고서 놀라며 감탄을 터뜨렸다. 선장이 나오더니 이 배에는 옷감, 도자기, 올리브 같은 물품이 실려 있다고 알렸다.

아테나는 그 말을 듣고 잔뜩 신이 났다.

"오, 신이시여! 내가 올리브를 발명할 때만 해도 이렇게 인기가 있을 줄은 꿈에도 생각 못했어. 이제는 무역까지 하다니!"

두 번째 배는 이 섬 저 섬으로 관광객들을 싣고 다니는 유람선이었다. 메가폰을 들고 있는 남자가 갑판 위의 관광객들에게 말했다.

"자, 여러분 고개를 위로 들고 오른쪽으로 살짝 눈길을 돌려 보세요. 배의 우현 쪽에 소녀 신들을 태운 백조 수레가 날고 있는 게 보이죠?"

"우아! 와아!"

승객들이 입을 모아 감탄을 터뜨렸다. 몇몇 사람은 얼른 파피루스와 펜을 꺼내어 백조 수레와 거기 타고 있는 유명 인사의 모습을 그렸다. 아프로디테는 승객들을 향해 방긋 웃음을 보냈지만 메두사는 갑자기 사람들이 자신을 주목하자 당황했다.

'맙소사! 우리가 무슨 돌고래 떼라도 되는 줄 아나? 넋을 놓고 쳐다보게?'

백조 수레가 유람선을 뒤로 하고 앞으로 날아가자 아르테미스가 메두사에게 물었다.

"해적선을 발견하고 나서는 어떻게 할 거야? 무슨 계획이라도 있니?"

"날 해적선에 내려 줘. 해적왕은 나 혼자 오라고 했어."

메두사의 대답을 듣더니 앞좌석에 앉아 있던 아프로디테가 걱정스러운 눈빛을 보냈다.

"별로 좋은 생각이 아니······."

메두사가 아프로디테의 말을 끊으며 설명을 덧붙였다.

"나 말고 누가 몸값을 마련할 수 있겠어?"

메두사가 장갑 낀 오른손을 의미심장하게 들어 보였다.

"금덩이 몇 개만 만들어 주면 금세 디오니소스를 풀어 줄 거야."

이번에는 아테나가 뒤로 고개를 돌렸다.

"안 풀어 주면? 해적들이 너까지 사로잡으면 어떻게 해?"

메두사는 스톤글라스를 가리켜 보였다.

"문제없어. 여차하면 안경 벗고 악당들을 모조리 돌로 만들어 버릴 작정이니까!"

아프로디테와 아르테미스는 헉하며 말을 잇지 못했고, 아테나는 조심스럽게 이렇게 말했다.

"음, 일이 그 지경까지 가면……. 최후의 수단으로…….."

아프로디테가 대신 말을 이었다.

"정말 극단적인 방법이 필요하다면…….."

아르테미스가 말을 맺었다.

"그럼 그 방법이라도 써야겠지."

계속해서 해적선을 찾는 동시에 아프로디테, 아테나, 아르테미스는 메두사에게 프리기아를 방문했을 때의 일을 자세히 물었다. 메두사는 대답하면서 속으로 생각했다.

'애들이 내가 걱정할까 봐 관심을 딴 데로 돌려 주려고 이러는 건가? 이유야 어찌 되었든 다른 이야기를 하니 확실히 긴장은 덜 되네.'

메두사가 미다스 왕의 장미 정원 이야기를 하자 다들 페르세포네를 떠올렸고, 페르세포네가 그 정원을 보고 싶어 하리라는 데 동의했다. 아르테미스가 말했다.

"페르세포네는 집에서 주말을 보내야 해서 오늘 같이 못 왔지만, 나중에 얘기를 들으면 도와주지 못했다며 미안해 할 거야."

한 시간 이상 바다를 수색하고도 해적선을 찾지 못하자 일행은 점점 걱정이 들기 시작했다. 그때 지금까지 수색한 구역 약간 바깥쪽에 배 한 척이 보였다. 메두사는 그 배의 돛대에 포도 넝쿨이 감겨 있는 걸 발견했다.

"얘들아, 저길 봐! 저 배가 틀림없어."

메두사가 잔뜩 흥분해서 소리치자 나머지 셋도 그쪽으로 눈길을 돌렸다.

"어떻게 확신해?"

아테나가 묻자, 메두사는 자신 있게 대답했다

"돛대에 포도 넝쿨이 감겨 있는 거 보이지? 디오니소스는 포도 나무의 신이잖아. 자기가 이 배에 있다는 신호를 보내려고 일부러 포도 넝쿨을 자라게 만든 게 분명해."

"영리한데!"

아테나의 말에 메두사는 빙그레 웃었다. 아테나의 말이 디오니소스를 향한 것인지 자신을 향한 것인지 확실하지 않았지만 상관없었다.

백조 수레가 해적선 쪽으로 방향을 잡자, 문득 메두사는 자신의 계획에 문제가 있다는 걸 깨달았다.

"아, 이런! 난 이제 헤엄을 칠 수 없다는 걸 잊고 있었어."

메두사가 머리 위의 뱀들을 가리켰다.

"너무 무거워서 가라앉고 말거야. 어쩌면 익사할지도 몰라."

메두사는 속으로 덧붙였다.

'올림포스 학교 수영장처럼 에게 해 전체를 황금덩어리로 만들 수도 있다는 이야기는 안 하는 게 낫겠지?'

메두사는 아프로디테를 바라보며 물었다.

"배 가까이 가면 한동안 저공비행을 해 줄 수 있니? 그럼 내가 갑판으로 내려갈게."

아프로디테가 고개를 끄덕였다.

"가능할 거야."

해적선에 가까이 접근하기 전에 아테나가 얼른 주문을 외웠다. 해적들이 보지 못하도록 백조 수레의 모습을 가리기 위해서였다.

우리 모두 사라지리라.
누구도 보지 못하리라.
마법이 우릴 가리리라.

백조들이 해적선을 향해 서서히 고도를 낮추는 동안 메두사는 갑판 구조를 찬찬히 살피고서 말했다.

"디오니소스를 구하면 떠날 준비가 되었다는 신호로 포도 넝쿨을 내릴게."

아테나가 고개를 끄덕였다.

"그래. 기다리는 동안 우리는 안전 예방책으로 아빠를 찾아볼게. 혹시 아빠의 도움이 필요할 수도 있으니까."

아르테미스가 얼른 말을 덧붙였다.

"한 시간 안에 포도 넝쿨이 내려가지 않으면 상황이 어찌 되었든 널 구하러 갈게."

작전이 마련되자 투명 백조들이 급강하했다. 이제 아이들은 튀는 파도 거품까지 느낄 수 있었다. 배에서 1미터 정도 높이에 이르자 메두사가 수레 옆으로 나가서 갑판에 뛰어내렸다.

해적들은 어느 목선이나 그렇듯 끊임없이 새어 드는 물을 퍼내고, 갑판을 닦고, 돛과 밧줄을 손질하느라 바쁘게 움직이고 있었다.

메두사는 갑판 위를 살금살금 지났다.

'성공!'

메두사는 누구의 눈에도 띄지 않고 디오니소스가 있는 곳에 도착했다. 디오니소스는 메두사에게 등을 돌리고 앉아 있었는데 돛대에 손이 묶여 있었다. 메두사는 디오니소스의 어깨를 톡톡 두드리고서 속삭였다.

"쉿, 나야."

"메두사?"

디오니소스는 소리가 나는 쪽으로 고개를 휙 돌렸다. 그러고는 메두사 머리의 황금 뱀 왕관을 보고 놀라서 보라색 두 눈이 휘둥그레졌다.

"어떻게 된 거야?"

디오니소스는 고개를 쭉 빼고서 메두사 뒤를 건너다보았다.

"교장 선생님은 어디 계셔? 해적왕한테는 일부러 너한테 편지를 보내라고 했거든. 그럼 네가 교장 선생님께 그 편지를 가져갈 거라 생각했어."

"학교에 안 계셨어."

메두사가 얼른 상황을 전했다.

"그래서 아테나, 아프로디테, 아르테미스랑 같이 투명 백조 수레를 타고 왔어. 그 애들이 지금 교장 선생님을 찾는 중이야."

"네 뱀들은 어떻게 된 거야?"

디오니소스의 눈길이 다시 메두사의 머리로 향했다.

"혹시 미다스 왕이 실수로 만지……."

"아니야."

메두사는 고개를 가로젓다가 묵직한 머리 무게 때문에 하마터면 중심을 잃고 넘어질 뻔했다. 메두사는 장갑 낀 손을 들어 보였다.

"미다스 왕이 황금 손길을 원하지 않아서 내가 넘겨받았어."

메두사의 표정이 확 어두워졌다.

"난 이 능력이 좋을 줄 알았는데, 지금은 나도 없애고 싶어."

메두사는 억지로 미소를 지으며 덧붙였다.

"그래도 네 몸값을 낼 방도는 생겼잖아!"
그때 해적 하나가 고개를 돌리다가 메두사를 발견했다.
"야! 넌 누구야? 여기서 뭐 하는 거냐?"
해적이 수선하고 있던 돛을 내려놓으며 고함을 질렀다.
'아, 결국 발각됐어!'
대번에 해적들이 메두사와 디오니소스를 둘러쌌다. 해적들은 메두사의 황금 뱀 왕관에서 탐욕스러운 눈길을 떼지 못했다. 이윽고 보고를 받은 해적왕이 함교에서 내려와 메두사 앞에 섰다.

메두사는 한 방 맞은 기분이었다. 메두사의 예상과 달리 해적왕은 잘생기고 위풍당당했기 때문이다. 부드러운 갈색 단발 곱슬머리에, 조각 같은 콧날, 손질된 콧수염과 턱수염을 가진 해적왕은 새하얀 튜닉 위에 근사한 하늘색 망토를 두르고 있었다.

"몸값을 지불하러 왔으니 인질을 풀어 줘요."
메두사가 당당한 태도로 말했다. 그러자 해적왕은 수염 끝을 베베 꼬면서 의심스러운 눈으로 주위를 살폈다.
"혼오오온자 왔나?"
"그래요."
메두사는 해적왕을 안심시키려 했다. 이렇게 위험한 상황만 아니라면 메두사는 풋 하고 웃음을 터트렸을 터였다.

'편지에 썼던 것처럼 말도 오오오라고 길게 끄네.'

해적왕의 눈길이 메두사의 머리 위를 향했다.

"조오오아. 그럼 그 특이한 황금 왕관을 넘겨라. 그러면 디오니소오스를 보오오내 주지."

디오니소스는 이글거리는 눈으로 해적왕을 노려보았지만 해적왕이 다른 곳을 보고 있어서 소용이 없었다.

메두사는 심장이 쿵쾅쿵쾅 뛰었지만 차분한 태도를 유지하며 말했다.

"음, 안 됐지만 그건 불가능해요. 주고 싶어도 줄 수가 없어요."

메두사는 잠깐 망설이다가 설명을 덧붙였다.

"내 머리에 붙어 있단 말이에요."

메두사는 증명하기 위해 황금 뱀을 살살 잡아당겨 보였다.

해적왕의 얼굴에 놀란 표정이 스치고 지나갔다. 하지만 해적왕은 이내 잔혹한 미소를 지었고, 그 때문에 더 이상 그리 잘생겼다는 느낌이 들지 않았다.

"아, 그건 문제 없어."

해적왕이 망토를 휙 젖히더니 옆구리에 차고 있던 칼을 드러

내어 보였다.

"네 머리를 잘라 버리면 그만이니까!"

"감히 그런 소리를 하다니!"

디오니소스가 버럭 고함을 질렀다.

"내 능력이 약해지지만 않았어도……."

디오니소스는 말을 맺지 못했다. 대신 분통을 터뜨리며 돛대에 묶인 두 손을 마구 잡아당겼다. 밧줄을 끊어 버릴 심산인 듯했다.

"입 다물어!"

해적왕이 으르렁댔다.

"디오니소스, 마법으로 밧줄을 풀면 되지 않아?"

메두사가 속삭여 묻자 디오니소스도 나직이 대답했다.

"아, 몰랐어? 소원을 들어주기 위해 마법을 쓰면 사흘 간 능력이 약해져. 실레누스를 고향에 데려다주고 학교로 돌아가다가 이 해적들한테 붙잡히고 말았어. 미다스 왕에게 황금 손길을 부여해 준 뒤라 마법의 힘을 써서 싸울 수가 없었거든. 남아 있는 능력으로 겨우 돛대에 포도 넝쿨을 자라게 만들었어."

해적왕이 위협적인 태도로 한 걸음 다가섰다.

"둘 다 입 다물지 못해?"

"이렇게 하죠."

메두사가 해적왕의 칼을 두려운 눈으로 바라보며 말했다.

"이 왕관은 줄 수 없어요. 대신 원하는 대로 금을 줄게요. 그 전에 먼저 디오니소스를 풀어 줘요."

해적왕이 팔짱을 턱 끼더니 못 믿겠다는 표정을 지었다. 메두사는 하는 수 없이 장갑을 벗었다.

"내 말을 못 믿나 본데 잘 봐요."

메두사는 오른쪽 집게손가락을 내밀어 가까이에 놓여 있던 밧줄을 건드렸다. 곧바로 금빛 불꽃이 일더니 밧줄 타래 전체가 눈부신 황금으로 변했다.

"우아! 세상에! 우린 이제 부자다!"

해적들이 감탄을 터뜨렸다. 몇몇은 앞으로 달려 나와서 황금 밧줄을 만져 보았다. 그중 한 명은 진짜 금인지 확인하려 황금 밧줄 끝을 깨물어 보기도 했다.

메두사는 다시 장갑을 끼고서 해적왕을 바라보았다.

"봤죠?"

해적왕이 고개를 갸웃했다.

"노오오올랍군!"

그러더니 가장 덩치가 크고 험악해 보이는 부하 둘에게 고갯

싯을 했다.

"저 여자애를 잡아!"

어찌하면 좋을지 생각할 틈도 없이 메두사는 해적들에게 붙잡히고 말았다. 두 해적은 메두사의 팔을 등 뒤로 돌리더니 손을 묶었다.

'앗! 이렇게 되면 장갑을 벗어서 해적을 금덩이로 만들 수도, 스톤글라스를 벗고서 돌덩이로 만들 수도 없잖아!'

디오니소스는 화가 나서 온몸을 부르르 떨며 소리쳤다.

"저 애를 풀어 줘. 이 형편없는 해적 악당들아!"

"그게 무슨 말도오오 안 되는 소오오리냐."

해적왕이 차분하게 대답했다.

"걱정 마라. 저 애 머리를 자르지 않기로오오 마음먹었으니까. 저런 능력을 가지고오오 있다면 죽은 쪼오옥보오오다 살아 있는 쪼오옥이 더 가치 있으니 말이야."

해적왕은 다시 수염을 배배 꼬며 메두사에게 고개를 돌렸다.

"그런데 한 가지 헷갈리는 게 있어. 왜 네가 그 능력을 가지고오오 있지? 〈월간 최악의 해적〉을 읽기 전에는 그런 능력이 있는 줄도 몰랐지만, 어쨌든 기사에는 미다스 왕이란 자가 그 능력을 가지고 있다고 했단 말이야."

'아, 거기서 미다스 왕에 대한 정보를 얻었구나!'

메두사는 이제 궁금증이 풀렸다.

'디오니소스가 해적들에게 얘기했을 리는 없고. 그렇다면 도대체 어디서 정보를 얻은 건지 알 수가 없더라니. 그런데 그〈월간 최악의 해적〉이란 잡지는 또 어떻게 그 소식을 들은 거지? 파마한테서 들었을 리도 없는데 말이야. 파마는 머나 먼 올림포스 학교에 있다고. 황금 손길 사건이 벌어진 금요일이나 토요일에 프리기아 부근에 온 적도 없는걸.'

다음 순간 메두사의 머리에 번쩍 하고 답이 떠올랐다.

'타니스! 그래, 미다스 왕의 요리사 타니스가 황금으로 변해 버린 장미 정원을 봤잖아. 아마 오두막 안의 황금 물건도 봤을 거야. 나랑 미다스 왕이 황금 손길에 대해 나누던 이야기도 들었잖아. 아마 타니스가 마을 사람들한테 그 얘기를 했고, 그 소문이 어찌어찌 잡지 기자 귀에도 들어갔나 봐. 타니스는 미다스 왕이 능력을 나한테 넘기기 전에 도망쳤으니 그 사실은 몰랐을 거야.'

메두사는 해적왕에게 사연을 들려준다고 해서 해가 될 리는 없다고 판단했다. 그래서 이야기를 들려주면서 동시에 스톤글라스를 벗으려고 고개를 마구 흔들었다. 하지만 스톤글라스는 메두사의 콧잔등 위에서 꼼짝도 하지 않았다.

"뭐가 아니라는 거냐?"

해적왕이 대뜸 물었다.

"어, 아니라고 한 적 없는데요."

메두사는 무슨 뚱딴지같은 질문인가 싶어 어리둥절했다.

'스톤글라스를 벗는 데 신경 쓰느라 해적왕의 말을 못 들었나?'

해적왕이 다시 물었다.

"그럼 왜 고오오개를 흔드는 거지?"

메두사는 얼른 둘러댔다.

"이거요. 음. 안경이 콧잔등을 자꾸 눌러서 고쳐 쓰려고 한 거예요."

해적왕이 어이가 없다는 듯이 눈을 굴리더니 말했다.

"누가 저 애 좀 도와줘라."

메두사는 그 말에 깜짝 놀랐다.

'엉? 이 사람들은 내 돌눈총에 대해서 전혀 모르나 봐. 야호!'

갈고리 손을 가진 해적 하나가 다가오더니 메두사의 얼굴에서 스톤글라스를 휙 벗겼다. 스톤 글라스가 갑판에 툭 떨어진 순간, 메두사는 승리의 함성을 질렀다.

"앗싸! 쓴 맛을 보여 주지! 당신들을 모조리 돌덩이로 만들어 주겠어!"

메두사는 고개를 휙휙 돌리며 해적왕과 그의 부하들을 매섭게 노려보았다. 하지만 아무런 일도 일어나지 않았다. 인간을 돌로 만들어버리는 메두사의 능력이 통하지 않았다!

디오니소스가 조용히 속삭였다.

"돌눈총 능력은 아마도 네 뱀들과 연관이 있나 봐."

메두사는 속으로 한숨을 쉬었다.

'아니면 황금 손길을 얻었을 때 돌눈총 능력을 잃게 되었거나.'

어느 쪽이든 나쁜 소식인 건 분명했다.

"푸하핫!"

해적왕이 마구 비웃어 댔다.

"우리를 도오올로 만드시겠다?"

해적왕은 스톤글라스를 집어서 메두사에게 다시 씌웠다.

"어이 꼬오오맹이, 배짱 하나는 두둑하구나. 마음에 들어. 내 부하로오오 삼아 주마. 내가 시키는 대로오오만 하면 너와 저 포도오오넝쿨 소오오년은 무사할 거다. 그 말인즉슨 내가 시키면 넌 언제든 황금을 만들어야 한다는 뜻이야. 자, 내 배에 오오

오른 걸 환영한다! 너도 한두 해 지내다 보면 이 생활이 마음에 들 거야."

해적왕은 두 부하에게 메두사의 손목을 등 뒤로 돌려서 커다란 밧줄 무더기에 잘 묶어 두라고 명령하고 함교로 돌아갔다. 메두사는 이제 정말 꼼짝할 수 없는 신세가 되고 말았다.

'이젠 배 안에서도 돌아다닐 수 없게 되어 버렸어.'

메두사는 작전이 완전히 어긋나 버려서 너무나 당혹스러웠다. 해적들이 모두 일하러 돌아가자 메두사는 디오니소스에게 나직이 속삭였다.

"미안해. 내가 일을 망쳐 버렸어."

몇 걸음 떨어지긴 했지만 얼굴을 마주 보고 앉아 있어서 이야기라도 나눌 수 있는 게 그나마 다행이었다.

디오니소스는 한숨을 푹 쉬었다.

"네 잘못이 아니잖아. 게다가 며칠만 있으면 내가 힘을 완전히 되찾을 테니 그때 여기서 벗어나면 돼."

"며칠?"

메두사는 당황했다.

'그럼 내 뱀들은? 난 가능한 빨리 원래대로 되돌리고 싶은데. 물론 그것도 기회가 있기는 있어야 가능한 얘기지만.'

메두사는 하늘을 살펴보았다.

"아테나, 아프로디테, 아르테미스가 한 시간 뒤에 날 데리러 오겠다고 했어. 교장 선생님을 만났으면 다 함께 올 거야."

"아, 내가 마법의 힘을 온전히 지니고 있기만 했어도!"

디오니소스가 한탄을 했다. 디오니소스는 분노와 좌절감 때문에 주먹을 불끈 쥐며 말했다.

"그랬으면 이런 일이 생기지 않았을 테고 지금 우리 둘 다 학교에 있었을 텐데."

"디오니소스, 아까 소원을 들어주고 나면 마법의 힘이 사흘간 약해진다고 했잖아. 정확히 언제까지인 거야?"

"내일 그리고 모레 반나절 동안은 여전히 아주 간단하고 사소한 마법밖에 쓰지 못해. 예를 들면 돛대에 포도 넝쿨을 자라게 하는 정도? 여기서 벗어날 만큼 강력한 마법은 쓸 수가 없어."

디오니소스는 잠시 생각하더니 한마디 덧붙였다.

"그래도 네 뱀 문제는 도와줄 수 있어."

메두사는 눈이 번쩍했다.

"정말? 어떻게?"

"쉿!"

디오니소스는 불쑥 나타난 외다리 해적을 고갯짓으로 가리켰다. 둘은 해적이 다시 사라질 때까지 잠잠히 기다렸다.

"미다스 왕이 결국 마음을 바꿀 것 같은 예감이 들었거든."

디오니소스가 다시 말을 꺼냈다.

"그래서 실레누스를 집으로 데려가면서 팩톨러스 강의 물을 병에 채워 뒀어. 마법의 힘을 지닌 강물이라 어리석은 소원이 불러온 결과를 되돌릴 수 있어."

디오니소스는 팔을 꼼지락대더니 돛대를 향해 한쪽 손을 뻗었다. 아마 돛대에 자라 있는 넝쿨을 만지려 하는 것 같았다. 디오니소스의 손이 닿자 돛대를 감고 있던 넝쿨 한 줄기가 스르륵 뻗어 나왔다.

"내 호주머니에서 병을 꺼내."

디오니소스가 명령을 내리자 넝쿨이 디오니소스의 튜닉 호주머니 안으로 뻗어 들어가 병을 꺼냈다. 이어서 디오니소스는 넝쿨에게 뚜껑을 열어서 메두사의 머리에 강물을 뿌리라고 지시했다.

짜잔!

메두사는 뱀 한 마리가 꿈틀대는 걸 느꼈다. 이어 또 한 마리가 움직였다. 곧 열두 마리 뱀이 모두 다시 살아났다.

메두사는 기쁨에 겨워 한 마리 한 마리의 이름을 다정하게 불렀다.

"독사, 날쌘이, 꽈배기, 덥석이, 뱅글이, 슬금이, 올가미, 미끌이, 비늘이, 에메랄드, 스위트피, 꼬물이! 너희가 얼마나 그리웠는지 몰라!"

뱀들이 살며시 아래로 내려오더니 메두사의 목과 볼을 감았다가 풀기를 반복했다. 그 모습을 보고서 디오니소스가 활짝 웃으며 말했다.

"저 녀석들도 널 다시 만나서 기쁜가 봐."

그때 메두사에게 번쩍 아이디어가 떠올랐다.

"날쌘이랑 슬금이야."

메두사가 나직이 말했다.

"내 안경을 벗겨 줘."

두 뱀이 안경에 몸을 감더니 메두사의 얼굴에서 안경을 벗겼다. 메두사는 먼저 실험을 해 보기로 했다. 얼마 떨어지지 않은 곳에 갓 잡은 생선이 한 무더기 쌓여 있었다. 메두사는 그중 살아 있는 물고기의 눈을 똑바로 쏘아보았다. 곧바로 물고기가 돌로 변했다.

"미안해."

메두사는 멋쩍어 하며 사과했다. 어차피 그 물고기는 곧 해적들의 저녁밥이 될 처지였지만 그래도 미안한 건 미안한 거니까.

디오니소스는 메두사의 실험을 지켜보더니 메두사에게 무슨 계획인지 알겠다는 눈빛을 보냈다. 이어 날쌘이와 슬금이가 메두사에게 다시 안경을 씌워 줬다.

메두사는 배에 힘을 빡 주고 큰 소리로 외쳤다.

"이봐요, 해적왕 아저씨! 이리 와 봐요. 여기 아저씨가 직접 눈으로 봐야 할 게 있어요!"

12 가장 소중한 것

"무슨 일이야?"

해적왕이 짜증을 내며 소리를 질렀다.

쿵쾅! 쿵쾅!

해적왕이 함교에서 내려와 다시 메두사 앞에 섰다.

"내가 할 일 없이 느긋이 노오오는 줄 아나? 해적선을 이끄는 게 쉬운 일인 줄 알아? 신전과 상선을 약탈하고오오 승객을 사로오오잡아 모오옴값을 요오오구하는 게 전부가 아니야. 항로오오를 조오오심스럽게 정하고오오, 배를 끊임없이 수리하고오오, 물과 보오오급품을 제때 들여와야……. 엉?"

해적왕이 갑자기 멈칫하더니 말을 잇지 못했다. 얼굴에 깜짝 놀란 표정이 가득했다. 메두사의 황금 뱀 왕관이 살아 꿈틀거리는 뱀으로 바뀐 것을 그제야 알아차렸기 때문이었다! 뱀들은 해적 무리를 향해 혀를 날름거리고 쉿쉿거리며 나름대로 최대한 사납게 위협하려 애쓰고 있었다.

"미안하게 됐네요오오."

메두사가 상냥하게 말했다. 물론 메두사는 전혀 미안하지 않았다.

"황금을 만드는 능력이 손에서 사라진 것 같아요."

메두사는 방긋 웃으며 말했다.

"대신 좋은 소식이 있어요. 바로 사람을 돌로 만드는 능력이 돌아왔다는 거죠."

해적왕이 콧방귀를 흥 꼈다.

"어, 그래?"

해적왕은 메두사의 말을 전혀 믿지 않는 눈치였다. 해적왕은 뱀들의 위협에도 눈 하나 까딱하지 않았다. 오히려 뱀들을 손짓하며 짜증스럽게 말했다.

"뭘 어떻게 했기에 이것이 살아났는지 모오오르지만 더 이상 금을 만들지 못한다면 널 살려둘 이유가 없어. 지금 당장 네 능력을 증명해보오오이지 않으면……."

해적왕이 디오니소스를 가리키며 말을 이었다.

"네 친구가 판자 위를 걷게 될 거다."

해적왕은 사악한 미소를 지으며 덧붙였다.

"도오올 얘기가 나와서 말인데 네 친구는 바로 그 돌덩이처럼 바닷소오옥으로 퐁 가라앉게 될 거야."

"돌눈총 얘기 농담 아니거든요."

메두사가 싸늘하게 경고했다.

"나도 금 얘기 노오옹담 아니거든?"

해적왕은 인상을 확 찌푸리면서 한쪽 주먹으로 다른 손바닥을 탁 내리쳤다.

"지금 당장 만들어 내!"

메두사가 움직이려 하지 않자 해적왕은 자신의 위협을 실행에 옮겼다. 조금 전 메두사의 손을 묶었던 덩치 좋은 두 부하를 다시 부르더니 디오니소스를 붙잡고 갑판 끝에 달린 판자로 데려가라고 지시했다.

"멈춰요! 잠깐만요!"

메두사가 놀라서 소리를 질렀다. 메두사는 곁에 쌓여 있는 생선 무더기 중에 돌덩이로 변해 있는 물고기를 가리켰다.

"내 말 못 믿겠으면 저걸 봐요! 당신들도 저 물고기 신세가 되는 거라고요! 모조리 다!"

메두사는 또박또박 힘주어 말하면서 해적 선원 한 명 한 명을 차례로 노려보았다.

몇몇 해적이 발을 동동 구르며 불안한 눈빛으로 뭔가 웅얼거렸지만 해적왕은 메두사를 차갑게 비웃을 뿐이었다.

"오오오, 시도오오는 좋았어!"

"내가 당신들이라면 메두사의 말을 듣겠어요."

디오니소스의 경고에도 불구하고 두 해적은 디오니소스의 손을 묶은 밧줄을 자르더니 감자 자루라도 되는 듯 휙 들쳐 업고서 해적왕한테로 갔다.

메두사는 디오니소스가 어찌 될까 봐 마음이 조마조마했다. 하지만 애써 속마음을 감추고서 고개를 빳빳이 들고 해적왕에게 당당하게 말했다.

"당장 우리를 풀어 줘! 안 그러면 이 보호 안경을 벗어 버리겠어. 그럼 차갑게 굳어 버린 당신의 마음처럼 온몸도 돌덩이로 변할 거야!"

빈말이 아니라는 걸 보여 주려는 듯 날쌘이와 슬금이가 메두사의 안경을 살짝 들어올렸다.

"사실이야!"

해적 부리 중 한 명이 소리쳤다. 그 자는 지금 막 선실에서 가져온 두루마리 잡지를 흔들어 보이며 말했다.

"다들 올림포스 학교가 어떤 곳인지 알지? 예전에 잡지에서 거기 다니는 학생 중에 돌눈총 쏘는 아이가 있다는 기사를 본 기억이 나더라고. 그 〈월간 최악의 해적〉을 지금 찾아왔어!"

그 해적은 두루마리 잡지를 펴더니 메두사의 초상화를 모두에게 보여주었다.

"저 애 말대로야. 저 애한텐 그런 힘이 있어!"

동시에 해적은 자신이 바로 그 돌로 바뀔 위기에 처해 있다는 사실을 깨달은 듯했다.

"으아악!"

잡지를 들고 온 해적이 다시 갑판을 달려가더니 문을 쾅 닫았다. 어찌나 허둥댔는지 발을 헛디디면서 자신이 디오니소스의 발치에 뭔가를 떨어뜨린 것도 알아차리지 못했다. 그것은 바로 단도였다!

그 순간 대부분의 해적들이 겁을 먹고서 배 양쪽의 건널 판자로 달려가 바닷속으로 몸을 날렸다. 가까운 섬까지 헤엄쳐서 도망칠 작정인 듯했다. 수영을 할 줄 몰라서 남아 있는 몇몇은 돛대를 기어올라서 망루나 돛폭 사이에 몸을 숨겼다.

"돌아와, 이 겁쟁이들 같으니라고!"

해적왕이 고래고래 소리를 질렀다. 그러나 선원들은 잡지를 들고 나타난 자의 증언과 돌덩이가 된 물고기를 이미 듣고 본 터라 자기 목숨을 두고 도박할 마음이 전혀 없었다!

해적들이 앞다투어 배에서 뛰어내리는 사이, 디오니소스가 바닥에 떨어진 단도를 집어 들고 달려와 메두사를 풀어 주었다.

"디오니소스! 어서 포도 넝쿨을 잘라!"

메두사가 다급히 외쳤다.

"넝쿨이 내려가는 걸 신호로 하기로 했어. 그러면 아프로디테, 아테나, 아르테미스가 우리를 데리러 나타날 거야."

디오니소스와 메두사가 마지막 넝쿨을 잡아당기고 있을 때쯤 아프로디테의 백조 수레가 갑판 가운데 착륙했다. 제우스의 모습은 보이지 않았다.

'놀랄 일도 아니지 뭐. 주어진 시간도 한 시간 밖에 없는 데다가 아테나는 아빠가 정확히 어디에 갔는지도 몰랐잖아.'

마법 수레와 아름다운 소녀 신들의 등장에 깜짝 놀란 해적왕은 선원들을 쫓다 말고 그 자리에 우뚝 멈춰 섰다. 배에 남아 있던 몇 안 되는 선원들은 심지어 메두사와 디오니소스가 수레에 올라탈 때까지 멍하니 서 거나, 돛대에 매달린 채 꼼짝도 하지 않았다. 마치 메두사가 돌로 바꾸어 버리기라도 한듯 했다.

아프로디테가 수레를 출발시키려 하자 메두사가 얼른 친구들을 돌아보며 말했다.

"잠깐만. 애들아, 우리 저거 가져갈까?"

메두사가 보물이 가득한 상자를 손짓해 가리키자 아르테미스가 고개를 끄덕였다.

"난 찬성이야. 저거 전부 신전이나 다른 배에서 훔친 것들일 거야. 원래 주인한테 돌려줘야 마땅해."

"나도 찬성!"

다들 같은 생각이었다. 아테나가 얼른 보물 상자에 마법을 걸었다. 상자가 허공에 붕 뜨더니 수레 안으로 날아 들어왔다. 세 소녀 신은 수레 앞자리에 끼어 앉고 메두사와 디오니소스가 뒷자리에 앉았다. 보물 상자가 너무 자리를 많이 차지해서 메두사는 디오니소스랑 딱 붙어 앉아야 했다. 물론 메두사는 이 상황이 전혀 싫지 않았다!

"내 보오오물!"

해적왕이 보물 상자를 바라보며 통곡했다.

"당신 보오오물 아니거든요오오!"

메두사가 해적왕에게 소리쳤다.

"남의 것을 도둑질해 봐야 부질없다는 걸 부디 깨우치길 바라요!"

에게 해를 날아가는 동안 메두사와 디오니소스는 다른 아이들에게 해적선에서 있었던 모험에 대해 들려주었다.

올림포스 학교까지 여행길이 절반 정도 남았을 때 메두사 일행은 제우스, 헤라 부부와 만났다. 제우스는 페가수스를 타고, 헤라는 공작이 끄는 우아한 1인용 전차를 타고서 나란히 날고 있었다. 알고 보니 제우스와 헤라는 아테나 일행이 찾으러 다닌 곳보다 훨씬 남쪽인 북아프리카 해안 지역 도시인 키레네에 다녀오는 길이었다.

제우스는 보물이 가득한 상자를 발견하고서 파란 눈을 번쩍 떴다. 안에 든 보물이 대부분 제우스 신전에서 훔친 것들이기 때문이었다.

"어찌된 영문인지 말해 봐!"

메두사와 아이들은 제우스가 없는 동안 무슨 일이 있었는지 설명했다. 제우스는 설사 시간이 절대적으로 부족했다 하더라도 아이들이 어른 없이 그런 위험한 여행을 떠난 데 대해 꾸지람을 퍼부었다. 그러다 보물 상자 쪽을 슬쩍 다시 보더니 불쑥 말했다.

"뭐 어쨌든 잘했다!"

헤라의 제안으로 일행은 어느 무인도에 잠시 내렸다. 크기가 올림포스 학교 체육관 정도 밖에 되지 않는 작은 섬이었다. 거기서 헤라는 보물 상자를 자신의 전차로 옮겼다.

"우리가 이 보물들을 모두 원래 자리로 되돌려 놓으마. 티폰의 습격 동안 무너진 도시와 마을을 재건하는 데 이것들이 도움이 될 거야."

"나도 마침 그 생각을 하던 중이었소!"

제우스가 맞장단을 쳤다.

아테나는 헤라에게 살짝 윙크를 보내며 말했다.

"아빠, 정말 좋은 생각이에요."

제우스가 남의 좋은 아이디어나 계획을 자기 공으로 돌리는 걸 좋아한다는 건 모두가 아는 바였다. 실제로 제우스 스스로도 좋은 아이디어를 많이 내어 놓았다. 누구 아이디어든 간에 메두사는 그 말을 듣자 미다스 왕의 무너진 궁전과 프리기아의 파괴된 집과 농장들이 떠올랐다.

다시 올림포스 학교로 돌아가기 위해 아이들이 백조 수레에 올라타려 할 때 헤라가 메두사와 눈길을 마주치며 빙그레 웃었다. 그러더니 고개를 돌리고서 제우스의 귀에 대고 뭐라고 속삭였다. 제우스가 고개를 끄덕이더니 활짝 웃으며 말했다.

"내 사랑, 당신 말이 절대적으로 옳아요. 아주 위험한 구출 작전이었으니만큼 상을 받아 마땅하지."

이어 제우스가 메두사에게 눈길을 돌렸다.

'상?'

메두사는 심장이 빠르게 뛰고 호흡이 가빠졌다.

"잠깐."

제우스가 메두사에게 기다리라는 손짓을 하더니 보물 상자에 두 손을 넣고 이리저리 휘저었다. 그러더니 눈부시게 아름다운 에메랄드가 주렁주렁 달린 황금 목걸이를 찾아냈다. 딱 봐도 어마어마하게 비싼 티가 확 났다.

제우스가 메두사에게 목걸이를 건네며 말했다.

"네 영웅적인 행동에 대한 고마움의 표시다. 수고했다."

"고맙습니다!"

메두사는 입이 귀에 걸렸다. 목걸이가 예상보다 훨씬 묵직해서 메두사는 목걸이를 받다가 하마터면 떨어뜨릴 뻔했다. 솔직히 이렇게 화려하고 무거운 장신구를 과연 목에 걸 수 있을지 의심이 들 정도였다. 메두사는 한편 마음이 뜨끔했다.

'내가 이런 상을 받을 자격이 있나? 두 분은 황금 손길 사태에 대해서 전혀 모르시잖아. 하지만 아무도 그 일을 꺼내지 않으니 나도 그냥 입 다무는 게 좋겠어. 아, 그러고 보니…….'

메두사는 아무도 보지 않을 때 얼른 황금 장갑을 벗고서 오른쪽 집게손가락으로 에메랄드 하나를 톡 건드려 보았다. 아무 일도 일어나지 않았다.

'오, 신이시여! 이제 정말 황금 손길에서 완전히 벗어났어! 이제 정말 끝났어.'

끼룩! 끼룩!

아프로디테의 백조가 날개를 퍼덕이자 수레가 다시 올림포스 학교를 향해 날아올랐다. 메두사는 이미 목에 QoM 목걸이를 걸고 있기 때문에 제우스의 선물을 호주머니에 잘 챙겨 넣었다. 보물 상자가 헤라의 수레로 갔기 때문에 이제 뒷좌석이 한결 여유로워졌다. 메두사는 디오니소스와 딱 붙어 앉을 수 없어서 못내 아쉬웠다.

이내 사랑의 여신인 아프로디테가 메두사의 실망감을 알아차렸다. 아프로디테가 어깨 너머로 메두사를 보며 싱긋 웃더니 백조들에게 뭔가 지시를 내렸다. 갑자기 백조들이 왼쪽으로 급회전을 하는 바람에 수레가 기우뚱했다.

"우아!"

한쪽으로 몸이 쏠린 디오니소스와 여자아이들이 중심을 잡으려 애썼다. 한편 메두사는 오른쪽으로 주르륵 날아가다시피 미끄러지는 바람에 하마터면 디오니소스 무릎 위에 앉을 뻔했다!

"어머, 미안해."

메두사가 조금 옆으로 물러나며 말했다.

"널 팬케이크처럼 납작하게 만들 의도는 아니었어."

디오니소스가 보조개를 지으며 웃음을 터뜨렸다. 메두사는 늘 그 보조개가 사랑스럽게 여겨졌다. 디오니소스가 손을 뻗더니 메두사의 손을 잡았다. 둘이 손깍지를 끼게 되자 메두사는 황금 손길의 저주를 벗어 버리게 된 걸 다시 한 번 감사했다.

"초록 아가씨, 날 구해 줘서 고마워."

디오니소스가 부드럽게 말했다.

"천만의 말씀이오오오."

메두사의 대답에 디오니소스가 웃음을 터뜨렸고, 그 웃음에 메두사도 함께 웃었다. 그때 아테나가 뭔가 말하려고 메두사에게 고개를 돌렸다가 무슨 말을 하려던 건지 잊어버린 듯 까르르 웃음을 터뜨렸다. 아르테미스와 아프로디테도 무슨 일인가 싶어 뒤돌아보더니 풋 하고 웃음을 터뜨렸다.

"다들 왜 그래?"

이제 디오니소스까지 메두사를 바라보며 싱글싱글 웃고 있었다. 아니 정확히 따지면 머리 위의 뱀들을 바라보고 있었다. 메두사는 갑자기 의심이 확 들었다.

"혹시 뱀들이 뭔가 일을 꾸미고 있는 거야?"

아프로디테가 호주머니에서 작은 손거울을 꺼내더니 메두사에게 건넸다. 아프로디테의 관심이 운전에서 잠시 다른 것으로 바뀌자 순간 수레가 휘청했다.

"네가 직접 봐 봐."

메두사는 스톤글라스를 고쳐 쓰고서 머리 위쪽이 잘 보이도록 거울의 각도를 기울였다. 뱀들이 무슨 일을 벌였는지 직접 확인한 메두사는 얼굴이 빨갛게 달아올랐다. 뱀들이 둘씩 서로 몸을 꼬아서 여섯 개의 하트를 만들고 있었다!

"하, 하, 하. 애들아, 하나도 안 웃기거든."

말은 그렇게 해도 메두사의 목소리에는 애정이 담겨 있었다. 뱀들이 다시 살아나서 활발히 움직인다는 사실만으로도 행복에 겨워서 이런 장난 정도는 얼마든지 눈감아 줄 수 있었다.

'디오니소스를 좋아하는 내 마음을 애들이 솔직히 표현한 것뿐인걸 뭐.'

잠시 후 아테나가 메두사에게 물었다.

"아빠가 상으로 준 목걸이 구경해도 돼?"

"그럼."

메두사는 호주머니에서 목걸이를 꺼내어 아테나에게 건네주었다.

"정말 멋진데 실제로 걸고 다닐 수 있을지는 모르겠어. 잃어버릴까 봐 겁도 나고, 음, 뭐랄까 너무……."

아르테미스가 대뜸 메두사를 돌아보며 싱긋 웃었다.

"지나치다고?"

"난 '거창'하다고 말하려 했어."

그러자 아테나가 다른 아이들도 구경할 수 있도록 목걸이를 건네며 말했다.

"메두사, 이걸 원하면 팔아도 돼. 아빠는 상관 안 하실 거야."

"도로스 씨는 보나마나 제값의 반의 반의 반도 안 쳐 줄 텐데."

아테나, 아프로디테, 아르테미스가 탄성을 터뜨리며 목걸이를 구경하는 동안 메두사는 생각에 잠겼다.

'그래도 이걸 팔면 새 키톤을 천 벌은 너끈히 살 수 있을 거야. 하지만 그렇게 많은 옷이 왜 필요하겠어? 새 키톤도 벌써

다섯 벌이나 있고 말이야. 아프로디테처럼 하루에도 옷을 몇 번이나 갈아입는 아이한테는 많지 않을 수도 있지만 나한테는 충분해.'

메두사의 뱀들이 몸을 숙이더니 어깨 위에 살포시 자리를 잡았다. 메두사는 빈손으로 뱀들을 부드럽게 쓰다듬었다. 슬금이와 꽈배기가 메두사의 손목을 감았다가 풀었다. 뱀들이 메두사를 다정하게 안아 줄 때 하는 방법이었다.

메두사는 행복한 기분에 잠긴 채 생각을 정리했다.

'내가 원하는 건 이미 모두 얻었어. 내 뱀들이 다시 살아났고, 디오니소스도 다친 데 없이 안전하게 돌아왔으니까.'

구경을 마치자 아르테미스가 메두사에게 목걸이를 다시 건네주었다. 메두사는 목걸이를 가만히 내려다보며 생각했다.

'이 목걸이를 제대로 활용할 방법이 뭐가 있을까? 아!'

순간 멋진 생각이 메두사의 머리를 스쳤다.

"불멸 쇼핑센터에 날 내려 줄 수 있니?"

메두사가 아프로디테에게 물었다. 백조 수레는 마침 쇼핑센터 위를 날고 있었다.

"볼 일이 있거든."

메두사는 목걸이 활용 계획과 더불어 142호를 찾아내어 대도 출판사와 만화 출판 계약을 맺을 작정이었다.

'너무 많은 사건이 한꺼번에 줄줄이 일어나는 바람에 만화 경진 대회에서 대상 받은 걸 까마득히 잊고 있었네!'

"나도 같이 갈게."

디오니소스가 얼른 말했다. 한동안 아무 말이 없었던 걸 보니 디오니소스도 뭔가 생각에 잠겨 있었던 것 같았다.

"'헝그리 헝그리 하피 카페'에서 요기를 한 다음, 대여점에서 날개 샌들을 빌려서 학교로 돌아가자."

"좋았어!"

디오니소스가 함께 가 준다니 메두사는 정말로 기뻤다. 혼자서는 날개 샌들의 힘을 쓸 수 없기 때문에 걸어서 올림포스 학교로 돌아가려면 시간이 너무 오래 걸렸다. 아니면 기다렸다가 헤르메스의 택배 전차에 태워 달라고 부탁하는 수밖에 없었다.

백조들이 불멸 쇼핑센터에 착륙하자 메두사와 디오니소스는 수레에서 폴짝 뛰어내렸다.

"이따 보자!"

메두사가 친구들에게 소리쳐 인사했다. 친구들도 손을 흔들어 인사하는 사이 백조 수레가 붕 떠올라 다시 학교를 향해 날아갔다.

"자, 급한 일부터 먼저 처리해야겠지?"

메두사는 디오니소스와 함께 쇼핑센터 안으로 들어서면서 목걸이를 꺼내 들었다.

"이걸 최대한 활용할 작정이야."

디오니소스가 의아하다는 듯한 표정으로 메두사를 바라보았다. 디오니소스의 보랏빛 눈동자가 반짝반짝 빛났다.

"그래? 어떤 계획인지 궁금한데?"

메두사는 말없이 빙그레 웃어 보이더니 '녹색 풍경' 맞은편에 있는 '헤르메스 택배 접수소'로 향했다. 메두사가 접수소로 가자 디오니소스는 내심 놀란 듯했지만 겉으로 드러내지는 않았다. 디오니소스는 여전히 어떤 생각에 빠져 있는 듯했다.

메두사가 접수대에서 내용물이 부서지지 않게 안에 솜이 대어진 커다란 봉투 하나를 집어 들자 디오니소스는 불안한 듯 발을 동동 굴렸다. 메두사가 마지막 남은 드라크마로 봉투값을 내자 디오니소스가 목을 가다듬더니 드디어 말을 꺼냈다.

"음……. 저기……. 너한테 물어보고 싶은 게 있는데……."

"그래? 뭔데?"

메두사는 목걸이를 봉투에 넣고 뚜껑을 붙이느라 반쯤 건성으로 대답했다. 이어 메두사는 봉투를 반대편으로 뒤집고서 접수대에 놓여 있던 깃털 펜으로 뭔가를 쓰기 시작했다.

　디오니소스는 하려던 말을 멈추고서 메두사의 행동을 지켜보더니 물었다.

　"지금 뭐 하는 거야?"

　"말했잖아. 이 목걸이를 최대한 활용할 거라고."

　메두사는 봉투에 쓴 주소를 디오니소스에게 보여 주었다.

받는이 : 프리기아의 미다스 왕

보내는이 : 메두사

내용물 : 재난 구호 물품

　디오니소스는 잠시 메두사를 빤히 쳐다보았다. 그러더니 고개를 숙이고서 메두사의 볼에 살짝 입을 맞추었다.

　"초록 아가씨, 네가 정말 자랑스러워!"

　디오니소스의 칭찬을 받자 메두사는 온몸이 따뜻한 기운으로 차올랐다. 메두사는 볼에 남은 디오니소스의 입맞춤 느낌을 되새기며 속으로 중얼거렸다.

　'금덩이를 산 같이 준다 해도 이 순간과 바꿀 수 없어! 이런 행복은 설내 돈을 주고 살 수 있는 게 아니니까!'

디오니소스는 메두사가 한 번도 풍족하게 지내 본 적이 없으며, 돈이 부족해서 언니들 신세를 지는 걸 정말 싫어 한다는 것도 알고 있었다. 그렇기 때문에 지금 이 일이 메두사한테 얼마나 큰 희생인지 이해하는 듯했다.

'뭐 실제로 그런 면이 있지. 하지만……'

메두사는 디오니소스를 바라보며 진지하게 말했다.

"돈이 전부가 아니라는 걸 깨달았거든."

그 순간, 메두사는 그 말이 정말로 참된 진실임을 새삼 깨달았다.

"돈으로 할 수 있는 좋은 일도 많고 말이야."

메두사는 접수함에 목걸이가 든 봉투를 밀어 넣었다. 오후가 되면 목걸이는 다른 택배 물품과 함께 헤르메스의 전차에 실려 목적지로 날아갈 터였다.

"이제 불멸 쇼핑센터 142호를 찾아야 해."

메두사가 말하자, 디오니소스가 건너편 '녹색 풍경'을 쳐다보더니 대답했다.

"저기가 114호야."

"어머, 그러네."

간판 아래쪽에 작은 숫자가 쓰여 있었다.

'어쩜 난 지금까지 한 번도 알아차리지 못한 거지?'

앞쪽에 있는 '아세다스'가 117호라는 걸 확인하고서 둘은 그쪽 방향으로 걸음을 뗐다. 가는 동안 메두사는 디오니소스에게 만화 경진 대회에 응모하고, 대상을 수상해서 만화를 출판하게 되었다는 이야기를 들려주었다.

"네가 만화를 그린다고? 정말? 멋지다! 나도 그렇고 내 친구들도 만화 엄청 좋아해."

디오니소스는 감탄해마지 않았다.

"이런 재능을 어떻게 지금까지 감추고 있었어? 얼른 네 만화를 보고 싶어. 아, 책이 나오면 당장 사야지!"

메두사는 얼굴이 발갛게 달아올랐다. 지금까지 남에게 자기 만화를 보여 주는 걸 주저한 사실을 털어놓고 싶지는 않았다.

'내 만화가 정말 괜찮은지 확신이 서지 않았단 말이야.'

메두사는 이렇게만 대답했다.

"이제 알게 되었잖아."

간판 아래쪽의 숫자가 점차 커졌다. 반려동물용품점인 '뱃놀이'의 파란 출입문에 140이란 숫자가 쓰여 있었다. 141호는 '헝그리 헝그리 하피 카페'였다. 그 바로 옆 142호는……, 도로스 씨의 기게인 '영웅 만들기'였다!

'엉?'

당황한 메두사는 혹시 자신이 착각했나 싶어 번호를 다시 확인했다. 하지만 가게 간판에는 '영웅만들기!'라는 글자 아래 분명히 '142호'라고 쓰여 있었다.

메두사는 문득 깨달음이 왔다.

'대도 출판사의 도는 도로스 씨의 도로구나!'

메두사와 디오니소스가 가게 안으로 들어서자, 키 작고 뚱뚱한 가게 주인(이자 동시에 출판인이기도 한) 도로스 씨가 디오니소스를 보고 얼굴이 하얗게 질렸다. 도로스 씨는 쫙 빗어 넘긴 검은 머리칼을 덜덜 떨리는 손으로 연신 쓸어 넘기더니 계산대 밑으로 숨어 버렸다. 그러면 디오니소스가 못 볼 줄 알았던 걸까?

디오니소스가 저벅저벅 걸어가더니 계산대 너머로 고개를 쭉 빼고서 도로스 씨를 내려다보았다.

"안심해요."

디오니소스가 화를 내지 않자 도로스 씨가 슬그머니 일어서서 어물쩍 웃어 보였다. 메두사가 계산대 쪽으로 다가서자 도로스 씨가 호들갑스럽게 반겼다.

"아, 우리 '심술 여왕' 작가가 납시었구나! 대도 출판사의 제1회 만화 경진 대회 대상 수상을 축하한다!"

메두사는 도로스 씨를 보며 활짝 웃었다.

"고마워요! 대상을 받아서 정말 기뻐요!"

메두사는 '심술 여왕'이라는 말에 디오니소스의 눈썹이 위로 치솟는 걸 곁눈질로 보았다. 하지만 굳이 뜻을 설명해 주지는 않았다.

'내 만화를 한 편만 읽어 보면 바로 이해할 건데 뭐.'

"네가 응모한 작품이 여기 있단다."

계산대 뒤쪽 선반에 도로스 씨의 옷과 똑같은, 노란색과 까만색이 섞인 격자무늬 천으로 만든 자루가 놓여 있었다. 도로스 씨는 그 자루를 가지고 오더니 내용물을 계산대 위에 와르르 쏟았다. 메두사가 응모한 작품 열 두루마리가 굴러 나왔다.

"봐도 돼?"

디오니소스가 그중 하나를 집고 물었다. 메두사가 고개를 끄덕이자, 디오니소스는 신이 나서 두루마리를 펼치더니 열심히 읽기 시작했다.

'부디 마음에 들었으면 좋겠는데.'

메두사가 숨을 죽인 채 디오니소스의 반응을 기다리는데, 도로스 씨가 불쑥 말을 걸었다.

"어서 빨리 가게 진열장에 이 만화를 전시하고 싶구나. 우리

가게 손님들이 이 만화를 아주 즐기게 될 거라고 무조건, 완전히, 절대로, 백 퍼센트 확신한다!"

도로스 씨는 계산대 주위를 뒤적이더니 인쇄된 파피루스 한 장을 꺼냈다.

"그러려면 일단 이 승인 서류에 네 서명부터 받아야 해."

그때 디오니소스가 푸핫 하고 너털웃음을 터뜨렸다.

"마법 치즈라고? 아, 이거 진짜 마음에 든다!"

디오니소스의 반응에 메두사도 빙그레 웃음이 났다. 메두사는 도로스 씨가 내민 서류를 꼼꼼히 읽었다. 내용이 짧아서 금방 다 읽을 수 있었다.

나는 대도 출판사가 내 두루마리 만화를 불멸 쇼핑센터 '영웅만들기!' 가게에서 일정 기간 전시하는 데 동의하며 그 권리를 부여합니다.

아래쪽에 서명을 할 자리가 마련되어 있었다. 혼란스러운 메두사는 종이를 뒤집어 보았다. 그러나 반대쪽에는 아무런 내용이 없었다. 결국 메두사는 도로스 씨에게 물었다.

"출판에 대한 내용은 어디에 있어요? 혹시 누락된 거 아니에요?"

"출판? 아니, 빠진 내용 없는데?"

도로스 씨는 무슨 뚱딴지같은 소리냐는 눈으로 되묻더니 메두사에게 깃털 펜을 내밀었다.

"아, 네가 오해했나 보구나. 내 가게 진열장에 만화를 전시하는 게 대상의 특전이야. 생각해 보렴. 얼마나 많은 사람들이 네 만화를 보게 되겠냐!"

메두사는 못내 실망스러웠다.

"대도 '출판사'라면서요. '계약'을 맺을 거라고 했잖아요. 그래서 난 정식 출판 계약인 줄 알았어요. 단순한 전시가 아니라요."

메두사의 목덜미에서 평화롭게 졸고 있던 뱀들이 갑자기 벌떡 깨어났다. 메두사의 실망감을 함께 느꼈고, 그 원인이 바로 도로스 씨란 걸 알아차렸기 때문이다. 뱀들은 도로스 씨를 향해 혀를 날름거리며 매섭게 쉿쉿거렸다.

그 소리에 디오니소스가 고개를 들더니 도로스 씨를 향해 인상을 찌푸렸다. 도로스 씨는 마른침을 꼴깍 삼켰다.

"무슨 문제라도 있어요?"

디오니소스가 묻자 도로스 씨의 이마에 땀이 송글송글 솟아났다. 도로스 씨는 노란색과 까만색 격자무늬 손수건을 꺼내더니 땀을 닦았다.

"음……. 그럴 리가 있나."

도로스 씨는 디오니소스와 메두사의 뱀을 바짝 경계하며 되물었다.

"네 만화를 몇 권 정도 출판해 주길 바라니?"

메두사는 QoM 목걸이 장식을 만지작거리며 생각에 잠겼다.

'일단 내 소장용으로 한 부가 있어야 하고, 디오니소스랑 친구들에게 줘야 하고. 언니들이랑 엄마 아빠도 드려야겠지.'

메두사는 속으로 수를 세어 보고 대답했다.

"스무 권 정도면 될 거 같아요."

도로스 씨는 안도의 한숨을 쉬더니 흔쾌히 대답했다.

"좋아! 일주일 후에 가게에 와서 받아가렴."

메두사도 그제야 마음이 놓여서 서류에 서명을 했다. 메두사가 서류를 넘겨 주자 도로스 씨가 메두사의 손을 눈여겨보며 말했다.

"장갑을 끼지 않았구나. 그럼 이제는 금을 팔러 오지 않는 거나?"

메두사는 내심 깜짝 놀랐다.

'헉, 난 입도 벙긋한 적이 없는 데도 도로스 씨 스스로 황금 손길에 대해서 간파해 낸 모양이네. 아니면 언니들이 몰래 이곳을 방문했을때 서로 추측을 주고받았는지도 모르지.'

"네. 금이 더 없어요."

메두사는 대답하면서 디오니소스를 슬쩍 쳐다보았다. 처음 황금 손길을 얻게 되었을 때 금덩이를 만들어 팔았다는 얘기는 한 적이 없었다. 다행히 디오니소스는 만화에 빠져서 메두사와 도로스 씨의 이야기에 귀를 기울이지 않는 듯했다.

'그럼 굳이 얘기하지 말고 넘어가자.'

잠시 후 메두사와 디오니소스는 도로스 씨의 가게를 나와 카페에 가서 셰이크를 마셨다. 그런 다음 날개 샌들을 신고 손을 맞잡은 채 학교로 돌아가면서 이런 저런 이야기를 나누었다. 학교 안뜰에 도착할 즈음, 메두사는 문득 떠오르는 일이 있었다.

"아까 미다스 왕한테 목걸이를 보낼 때 네가 뭔가 묻고 싶은 게 있다고 하지 않았어? 뭘 물어보려던 거니?"

어째서인지 디오니소스는 화들짝 놀라는 기색이었다. 메두사는 자신의 손에서 디오니소스의 손가락이 빠져 나가는 걸 느

껐다. 메두사가 놀라 고함을 질렀다.

"안 돼! 그럼 나 떨어져!"

날개 샌들의 힘을 쓸 수 없기 때문에 메두사는 추락하는 것을 가장 두려워 했다. 메두사가 대리석 타일에 부딪히기 직전 디오니소스가 휙 내려와서 메두사의 팔을 붙잡았다.

"이제 괜찮아!"

디오니소스는 뜰 가장자리에 있는 벤치에 메두사를 살포시 내려놓았다. 그러고는 크게 심호흡을 하고서 말했다.

"미안해!"

"괜찮아."

메두사는 대답과 달리 여전히 바들바들 떨고 있었다.

디오니소스가 곱슬머리를 벅벅 쓸어 넘기며 말했다.

"아, 내가 정신을……. 그……, 물어보려던 일을 생각하면 자꾸 긴장이 되어서……. 음, 네가 멍청하다고 생각하는 건 알아……. 그런데……, 두 주 뒤면 템플 게임이 열리거든. 그래서……."

디오니소스는 당황해서 어쩔 줄 몰라 하더니 결국 입을 꾹 다물어버렸다.

메두사는 보라색 눈동자의 귀여운 소년 신을 바라보며 속으로 쿡쿡 웃었다.

'학교에서 열리는 온갖 연극의 주연은 도맡아 하면서 이럴 때는 꼭 말을 못하더라. 이제 그만 곤경에서 벗어나게 해 줘야겠지?'

"내 대답은 찬성이야."

메두사가 활짝 웃으며 말했다.

"템플 게임이 열리는 동안 네 챔피언으로서 끝내주게 응원해 줄게!"

"정말?"

디오니소스는 제대로 들은 게 맞는지 자기 귀를 의심하는 듯했다. 메두사가 고개를 끄덕이자 디오니소스는 제자리에서 풀쩍 뛰어오르며 허공으로 주먹을 내질렀다.

"야호!"

"대신 조건이 있어."

메두사도 자리에서 일어서며 말했다.

"내가 수영을 꽤 잘하거든. 그래서 나도 템플 게임에 나갈 생각이야. 그래서 말인데, 우리 둘이 같은 팀에 들어가서 너도 내 챔피언을 해 주면 어떨까?"

메두사는 목걸이의 QoM 장식을 만지작거리며 말을 이었다.

"음, 이건 내가 주는 행운의 부적 같은 건데, 템플 게임 동안 네가 이 목걸이를 걸어 줬으면 해. 헤라 님이 교장 선생님한테 레이스 손수건을 준 거랑 비슷한 거야."

디오니소스는 놀란 표정을 짓더니 메두사가 늘 걸고 다니는 목걸이를 가만히 쳐다보았다. 그제야 깨달음이 오는 눈치였다.

"아! QoM! 이제 그게 무슨 뜻인지 알겠다. 심술 여왕! 네 만화 제목, 맞지?"

메두사는 고개를 끄덕이며 까르르 웃음을 터뜨렸다.

"기꺼이 목에 걸게. 나도 너한테 행운의 부적을 하나 줘야겠다. 우린 서로의 챔피언이니까!"

남자아이가 자기 여자 친구의 목걸이를 걸고 다니는 게 쉬운 일은 아니란 걸 메두사도 잘 알고 있었다.

'디오니소스는 정말 멋진 남자 친구야!'

메두사는 순간 안뜰에 다른 아이들이 함께 있다는 사실을 잊어버리고서 저도 모르게 발끝으로 서서 디오니소스의 뺨에 살짝 입을 맞추었다.

'어머, 내가 지금 뭘 한 거야!'

둘은 하루 만에 서로의 뺨에 뽀뽀를 해 주는 사이가 되었다!

"야호!"

디오니소스가 또 탄성을 질렀다.

잠시 후 둘이 함께 학교 안뜰을 걸을 때 메두사가 체육관 쪽을 바라보며 말했다.

"포세이돈이 수영장을 되돌려 놓았나 모르겠어."

그러자 디오니소스가 그게 무슨 소리냐는 표정을 지었다.

'아, 디오니소스한테 수영장 물을 황금으로 바꿔 버린 사건을 말 안했구나.'

메두사의 설명을 듣더니 디오니소스가 말했다.

"아직 마법의 강물이 몇 방울 남았어. 만약 포세이돈이 되돌려 놓지 못했다면 그걸 쓰면 될 거야. 메두사, 넌 먼저 가 봐. 내가 가서 수영장을 확인해 볼게."

"고마워."

메두사는 진심을 담아 인사했다.

"그럼 이따 보자."

메두사는 계단을 성큼성큼 올라 학교 건물로 들어갔다.

메두사가 방에 도착한지 몇 분 지나지 않았을 때 언니들이 방문을 두드렸다.

"막내야, 돌아왔구나."

스테노가 메두사 방의 빈 침대에 털썩 앉으며 말했다.

"조금 전에도 네 방에 왔다 갔거든. 그동안 어디에 갔었던 거니?"

"얘기가 길어."

메두사가 이야기를 시작하려는데 에우리알레가 먼저 말을 막았다.

"그 이야기는 나중에 들을게."

에우리알레는 메두사가 쓰는 침대에 벌러덩 드러누우며 말했다.

"피곤해서 한숨 자야겠어. 우리도 온종일 나가 있었거든. 엄마 아빠가 집으로 떠나고 나서 우린 테베에 새로 개장했다는 쇼핑몰에 다녀왔어."

스테노가 거들었다.

"아, 쇼핑은 정말 피곤한 일이야."

메두사는 두 언니들이 양쪽 침대를 다 차지하는 바람에 책상 벤치에 앉아야 했다. 스테노는 그 사실을 전혀 신경 쓰지 않고 자기 할 말만 했다.

"거기 입점한 '녹색 풍경'은 불멸 쇼핑센터에 있는 것보다 훨씬 크더라."

"그러다 보니 돈을 엄청 썼거든."

에우리알레가 드디어 메두사를 찾아온 이유를 털어놓기 시작했다.

"그래서 말인데 네가 우리한테 돈을 주든지 금을 만들어 줬으면 해. 이왕이면 지금 당장."

"알았어. 그러지 뭐."

메두사는 순식간에 이쪽저쪽 침대를 오가며 오른쪽 집게손가락으로 언니들을 만졌다.

언니들이 꺅 비명을 지르며 자리에서 벌떡 일어났다.

"너 우리한테 무슨 짓을 한 거야?"

에우리알레가 고함을 질렀다.

"설마 우리가 황금으로……."

스테노는 말을 잇지 못한 채 자기 몸을 살폈다. 하지만 황금으로 바뀐 곳은 보이지 않았다. 스테노와 에우리알레를 서로를 빤히 쳐다보다가 이해할 수 없다는 표정으로 메두사를 쳐다보았다.

"메두사, 너 장갑은 어쨌어?"

메두사는 함박웃음을 지으며 오른손을 흔들어 보였다.

"황금 저주……, 어, 손길은 사라졌어. 이제 다 나았어."

"뭐?"

두 언니는 그 소식에 경악했다.

"어쩌다 그런 끔찍한 일이!"

스테노의 얼굴빛이 평소보다 더 초록색이 되었다. 정말 아파 보였다.

"디오니소스한테 가서 다시 달라고 해. 아니면 우리한테 주라고 말해 보든가. 아니면 마법 주문을 알아 와. 그럼 우리가 직접 마법을 걸면 될 거 아냐?"

메두사는 팔짱을 턱 끼고서 고개를 절레절레 흔들었다.

"절대 안 돼."

"그럼……."

불안해서인지 에우리알레의 목소리가 파르르 떨렸다.

"그럼 우린 외상값을 어떻게 갚아?"

에우리알레는 메두사의 방을 마구 살펴보았다.

"남은 금이 조금이라도 있을 거 아냐?"

"어머, 언니들. 지금 나한테 돈을 빌리려는 거야?"

메두사는 재미있다는 듯이 일부러 눈썹을 들썩여 보였다.

'이야, 입장이 바뀌어도 이렇게 바뀔 수가 있을까?'

"그럼 그 해파리 핀을 줘."

스테노가 메두사의 키톤 앞자락을 뚫어져라 쳐다보며 말했다. 메두사는 손을 들어 핀을 만져 보았다. 그걸 달고 있다는 사실을 까마득히 잊고 있었다.

'이걸 그리워하게 될까? 사실 며칠 전까지만 해도 달고 다니지 않았었잖아. 난 심술 여왕 목걸이 말고는 장신구를 좋아하는 편도 아니고.'

메두사가 마침내 입을 열었다.

"그래."

메두사가 핀을 주자 스테노가 놀라서 눈을 휘둥그레 떴다.

"정말? 어, 진짜 고······."

"조건이 뭐야?"

에우리알레가 불쑥 물었다.

"우리한테 대가로 뭘 요구할 건데?"

'대가? 요구?'

메두사는 대가를 받겠다는 생각을 해 본 적이 없었다.

"방 청소 열두 번 어때?"

메두사는 농담을 던져 보았다.

"언니들 각각."

순간 스테노와 에우리알레의 얼굴이 해쓱해지기에 메두사는 얼른 덧붙였다.

"농담이야."

메두사는 언니들이 방 청소 한답시고 더 어지르는 건 정말 사양하고 싶었다. 또한 메두사는 자기 방을 자기만의 비밀 공간으로 쓰고 싶었다. 무엇보다 언니들과 매번 이렇게 조건과 대가를 주고받는 게 진저리가 났다.

"언니들."

메두사가 스테노에게 해파리 핀을 내밀며 말했다.

"이건 그냥 가져. 내가 언니들한테 바라는 건 영원토록 내게 고마워 하는 마음뿐이야."

에우리알레가 고개를 갸우뚱했다.

"엉? 그게 무슨 소리야?"

하지만 스테노는 메두사의 말뜻을 이해한 듯했다. 스테노는 핀을 받아 들며 메두사에게 따뜻하게 미소를 보냈다.

"고마워. 음, 정말 감사해. 에우리알레, 너도……, 고맙게 생각하지? 그치?"

에우리알레는 혹시 스테노가 미친 게 아닌가 하는 눈빛으로 바라보더니 어쩔 수 없다는 듯이 눈알을 빙글 굴렸다. 그러고는 방에서 휭 나가면서 이렇게 말했다.

"그래. 메두사, 이렇게 마음 써 줘서 진짜 고마워."

그렇게 언니들이 떠나고 메두사는 방문을 닫다가 퍼뜩 생각나는 일이 있었다.

'아, 언니들에게 만화 경진 대회에서 상을 탔다는 얘기를 안 했네.'

메두사는 언니들을 소리쳐 부르려 하다가 생각을 접었다. 출판이 되면 언니들에게 한 부 줄 생각이었지만 아무래도 언니들이 만화 속에 등장하는 자기 모습을 좋아하지 않을 듯했다.

'흠, 그 만화를 보면 스테노 언니가 내게 고마워하는 마음이 처절한 시험에 빠질지도 모르겠네. 반대로 에우리알레 언니는 오히려 나한테 잘 해 줄지도 몰라. 자기들이 날 어떻게 대했는지 만화를 통해 사방팔방에 알려지는 게 겁나서 말이야!'

그 생각을 하자 메두사는 싱글싱글 웃음이 났다. 동시에 배 속에서 천둥소리가 울려 퍼졌다. 디오니소스와 불멸 쇼핑센터에서 셰이크를 마셨을 뿐 점심 식사를 하지 못했기 때문이었다. 사실 아침 식사 이후로 메두사도 뱀들도 온종일 제대로 먹은 게 없었다.

"얘들아, 미안. 배고프지?"

뱀들이 모두 머리를 꼿꼿이 세웠다. 마치 "네! 배고파요!" 하고 손을 번쩍 들며 대답하는 듯했다.

메두사는 장롱을 열고서 사료 주머니를 꺼냈다. 그러고는 말린 완두콩과 당근을 한 움큼 집어서 위로 던졌다.

덥석! 덥석!

"너희가 생겨난 게 나한텐 금광을 발견한 거나 다름없어."

메두사는 뱀들을 향해 빙그레 웃으며 말했다. 온몸에 행복감이 차올랐다.

"이제 절대, 절대, 절대, 절대, 절대, 절대, 절대, 절대, 절대, 절대, 절대 너희를 잃지 않을 거야. '절대'가 열두 배야. 너희들 한 마리 한 마리한테 해당되는 거니까."

뱀들이 고개를 끄덕이며 같은 마음을 표시했다. 이어 메두사는 완두콩과 당근을 다시 한 움큼 쥐고서 위로 휙 던졌고, 뱀들은 신나게 받아먹었다.

덥석! 덥석! 덥석! 덥석! 덥석! 덥석! 덥석! 덥석! 덥석! 덥석! 덥석!

옮긴이의 말

　메두사는 그리스 신화를 바탕으로 한 소설이나 영화에서 끊임없이 다루어지는 인물 중 하나입니다. 그만큼 묘한 매력을 지닌 인물인데 안타깝게도 그런 이야기들 속에서 메두사는 한결같이 악역만 맡고 있습니다. 그렇다면 여신스쿨의 메두사는 어떨까요?

　우리의 메두사는 어떻게 보면 지금까지 〈올림포스 여신 스쿨〉 시리즈에 등장한 주인공 중 가장 평범한 축에 속합니다. 불멸의 존재도 아니고, 부모님한테는 편애를, 언니들한테는 무시를 당하고, 용돈이 없어서 늘 쩔쩔매고, 옷도 만날 물려받은 낡은 옷만 입고……. 이렇게 말하니 평범하다 못해 불쌍하게 느껴지네요. 성격은 까칠하기 짝이 없고, 절대 돌려 말할 줄 모르고, 공부를 잘하지만 죽어라 공부하고서 안한 척하는 면은 차라리 귀엽기나 하지요. 재미있는 점은 이런 메두사를 좋아하는 독자들이 아주 많다는 점이랍니다. 왜 그럴까요?

　앞에서 말한 약간 모난 성격이나, 여러모로 속상할 일이 많은 환경에도 불구하고 메두사는 절대 유머를 잃지 않습니다. 그리고 모진 소리를 하긴 해도 거짓말을 하지 않고, 다른 이에게 뾰족하게 굴

긴 해도 해를 입힐 꿍꿍이를 꾸미는 법은 없지요. 메두사를 가만히 들여다보고 있으면 자기 기준이 확실하다는 생각이 참 많이 들어요. 그런 면이 나름대로의 자신감과 유머로 표출되어 주변에 비록 숫자는 적어도 마음을 터놓고 나눌 수 있는 친구들이 생기는 것 같습니다. 근사한 마법 남친은 말할 것도 없고요.

'나랑 메두사랑 참 비슷하다.'라고 생각하는 친구들, 우리도 메두사처럼 내 안의 기준을 잘 세우고, 늘 자신감과 유머를 지니고 살도록 해요.

다음 편에는 몇 권에 걸쳐 계속 언급되던 '템플 게임'이 드디어 그 모습을 드러냅니다. 기대해 주세요!

그럼 다음 이야기에서 만나요.

옮긴이 **김경희**

지은이 조앤 호럽, 수잰 윌리엄스

조앤 호럽은 문예상을 받은 작가로, 지금까지 어린이 독자를 위해 125권이 넘는 책을 썼다. 대표작으로는 《샴푸》, 《마멋 날씨 학교》, 《개는 왜 짖을까?》 그리고 〈인형 병원〉 시리즈 등이 있다. 책에서 새로운 생각 얻기를 좋아한다는 점에서 네 명의 소녀 신 중 아테나와 가장 비슷하지 않나 하고 생각한다.

수잰 윌리엄스는 어린이를 위해 30권이 넘는 책을 썼고, 문예상 수상 작가이다. 대표작으로는 《책벌레 릴》, 《엄마가 내 이름을 모른대요》, 《우리 집 강아지는 부탁할 줄을 몰라》, 〈파워 공주〉 시리즈, 〈꽃봉오리 요정〉 시리즈가 있다. 남편 분 말로는, 수잰 선생님은 귀찮은 질문(주로 왜 컴퓨터가 제대로 안 돌아가는지에 관한 질문이라고 한다)을 하는 판도라랑 비슷한 편이라고 한다. 물론 판도라는 절대로 컴퓨터를 쓸 일이 없겠지만.

옮긴이 김경희

초등학교 때 다른 아이들이 텔레비전을 보는 동안 《그리스 로마 신화》, 《일리아드》, 《오디세이아》, 《플루타르크 영웅전》을 줄줄 외울 정도로 읽고 또 읽었다. 제일 좋아하는 여신은 사냥의 신 아르테미스였는데 정작 본인은 운동에 영 소질이 없었다. 그래서 헤라클레스처럼 열두 가지 모험을 하고, 올림포스 산에 가 보고 싶었지만 엄두도 낼 수 없었다. 그런데 지금은 어린이 독자를 위해 〈올림포스 여신 스쿨〉 시리즈를 번역하면서 신나는 모험을 하는 중이다. 혹시 〈올림포스 여신 스쿨〉 시리즈가 끝나면 제우스의 초청을 받아 올림포스 학교에 가게 될지도 모른다며 두근두근 기대하고 있다.

16 메두사의 욕심

초판 1쇄 인쇄 2019년 1월 20일
초판 1쇄 발행 2019년 1월 28일

글쓴이 조앤 호럽, 수잰 윌리엄스 | **옮긴이** 김경희 | **그린이** 싹이

펴낸이 양원석 | **본부장** 김순미 | **책임편집** 강유정 | **디자인** 심미연
마케팅 최창규, 김용환, 정주호, 양정길, 이은혜, 신우섭, 유가형, 조아라, 임도진, 우정아, 정문희, 김유정, 신예은
해외 저작권 황지현 | **제작** 문태일

펴낸곳 (주)알에이치코리아
주소 08588 서울시 금천구 가산디지털2로 53, 20층(한라시그마밸리)
문의 02-6443-8872(내용), 02-6443-8838(구입), 02-6443-8960(팩스)
등록번호 제 2-3726호(2004년 1월 15일 등록) | **홈페이지** www.jrrhk.com

ISBN 978-89-255-6556-9 (74840)
ISBN 978-89-255-4737-4 (세트)

어린이제품 안전특별법 표시 사항
제품명 도서 | **제조자명** (주)알에이치코리아 | **제조국명** 대한민국 | **전화번호** 02)6443-8800
주소 서울시 금천구 가산디지털2로 53, 20층(한라시그마밸리)

※ 값은 뒤표지에 있습니다.
※ 맞춤법과 띄어쓰기는 국립국어원의 기준에 따랐습니다.
※ 잘못된 책은 구입하신 곳에서 바꾸어 드립니다.
⚠ 책 모서리가 날카로워 다칠 수 있으니 사람을 향해 던지거나 떨어뜨리지 마십시오.

알에이치코리아 홈페이지와 블로그, SNS로 들어오시면 자사 도서에 대한 더 많은 정보와 이벤트 혜택을 확인하실 수 있으며, E-book몰에서는 전자북으로도 만나볼 수 있습니다.
E - book몰(RHK북스) http://ebook.rhk.co.kr | 페이스북 https://www.facebook.com/rhk.co.kr
블로그 http://randomhouse1.blog.me | 유튜브 http://www.youtube.com/randomhousekorea
주니어RHK 포스트 https://post.naver.com/junior_rhk | 인스타그램 @junior_rhk